Die sanfte Organisations-Revolution

Mit Lean Management und Projektmanagement versuchen die Unternehmen, ihre Organisation effektiver zu machen. Zugleich werden aber die hierarchischen Machtstrukturen aufrechterhalten. Jochen Schmidt zeigt, daß darin ein nicht zu lösender Widerspruch steckt: Die Hierarchie hat die Krise der Organisation verursacht, und niemand kann einer Krise mit den gleichen Mitteln begegnen, die sie ausgelöst haben. Dieser fundamentale Widerspruch läßt deshalb nur zwei Ausgänge offen: Entweder Kollaps durch übergroßen Druck, Hektik, Konzeptionslosigkeit und Machtkämpfe. Oder »Sprung« in ein gänzlich anderes Organisationsmuster. Anders als starre Hierarchien werden Netzwerke selbststeuernder Systeme dem heutigen Wissen, den Fähigkeiten und der Intelligenz der Mitarbeiter gerecht und ermöglichen so den Unternehmen, die immer komplexeren Aufgaben zu bewältigen.

Jochen Schmidt, Dr. phil., geb. 1943, ist selbständiger Organisationsberater und Konzeptentwickler mit über 20 Jahren Erfahrung. Zahlreiche Veröffentlichungen.

Jochen Schmidt

Die sanfte Organisations-Revolution

Von der Hierarchie zu selbststeuernden Systemen

Campus Verlag
Frankfurt/New York

Die Deutsche Bibliothek – CIP-Einheitsaufnahme

Schmidt, Jochen:
Die sanfte Organisations-Revolution : von der Hierarchie zu
selbststeuernden Systemen / Jochen Schmidt.
– Frankfurt/Main ; New York : Campus Verlag, 1993
   ISBN 3-593-35008-4

Das Werk einschließlich aller seiner Teile ist urheberrechtlich geschützt. Jede Verwertung ist ohne Zustimmung des Verlags unzulässig. Das gilt insbesondere für Vervielfältigungen, Übersetzungen, Mikroverfilmungen und die Einspeicherung und Verarbeitung in elektronischen Systemen.
Copyright © 1993 Campus Verlag GmbH, Frankfurt/Main
Umschlaggestaltung: Atelier Warminski, Büdingen
Satz: Textline GmbH, Oberursel
Druck und Bindung: KM-Druck, Groß-Umstadt/Semd
Gedruckt auf säurefreiem Papier.
Printed in Germany

Inhalt

An den Leser, die Leserin:
Wie dieses Buch entstand und was es Ihnen zutraut 7

**I. Rückblick auf ungeplante
Organisationsentwicklungen** 17

1. »Wie war das? Es ging so schnell.«
Zur Entwicklung der letzten zwanzig Jahre 18
2. Zur psycho-logischen Situation heute 31
3. Alternative und »Sprung« 39

II. Innenansichten eines Übergangs 53

4. »Woher weiß er das alles?«: Exkurs zu den
Erkenntnischancen in Berater-Klient-Beziehungen 54
5. »Das Geheimnis liegt in der Verknüpfung der Elemente.«
Referenzsystem und Prämissen von Netzwerken 66
6. »Was meinen Sie eigentlich, wenn Sie
›Organisation‹ sagen?«
Oder: Der »Stoff«, aus dem Organisationen »sind« 75
7. Prozeßsteuerungen: Beziehungen und Gefühle 83
8. Drei Einfluß- und Entscheidungsmuster 96

III. Ein altes Problem, ein neues Verfahren: Verifikation 105

IV. Selber machen: Wie man Netzwerke entwickelt. 117

9. In Umrissen: Netzwerke selbststeuernder Systeme ... 123
10. Entscheidungen und Kippbilder.
    Zur Logik der Sicherheit in Veränderungsprozessen .. 135
11. Abrüsten und Neues designen 147
12. Nichts ist so praktisch wie eine gute Theorie ...
    Variationen zu
    Lern- und Veränderungsprozessen 158
13. Lernende Organisation und offene Perspektiven 168

An den Leser, die Leserin:
Wie dieses Buch entstand und was es Ihnen zutraut

Dieses Buch unterscheidet sich in fast jeder Hinsicht von den vielen anderen Büchern, die bisher zum Thema Organisation (im weitesten Sinne) publiziert worden sind. Es mutet Ihnen kein neues Modell zu, an das Sie sich anpassen sollten und betet auch nicht das Credo von Tom Peters nach, der in »Jenseits der Hierarchien« ausspricht, was viele Frustrierte denken: »die Hierarchien abreißen, auseinanderbauen, zerstückeln, töten«.[1] Es ist viel anspruchsvoller: Es greift Entwicklungstendenzen der Zeit auf, verarbeitet sie aber nicht nach dem Muster »Mehr vom Selben«, sondern entwickelt die Umrisse eines historisch einmaligen »Sprungs« von »der Hierarchie« zu Netzwerken selbststeuernder Systeme.

In diesem »Sprung« haben Sie, der Leser, die Leserin, eine Schlüsselrolle: Während die Leser eines Buches – analog: die Mitarbeiter in einem Unternehmen – üblicherweise als Konsumenten betrachtet werden, die überzeugt werden müßten, traut dieses Buch Ihnen eine aktive Rolle in den laufenden bzw. kommenden Veränderungsprozessen zu.

---

1 Tom Peters, Jenseits der Hierarchien, Düsseldorf, Wien, New York, Moskau 1993, S. 198

I.

Die lebhaften Organisationsdiskussionen der letzten zehn Jahre haben viele neue Theorien und Modelle erbracht, mit denen Arbeitsprozesse effektiver gemacht werden sollen. Aber die Adressaten dieser sich springflutartig vermehrenden Konzepte und Modelle, die Menschen, kommen in der Organisationsliteratur so gut wie nicht vor. Sie sind eine Art *black box:* Wer sie sind und was sie können und was nicht, scheint nicht wichtig. – Darin liegt die unausgesprochene Unterstellung, daß die Mitarbeiter »tumbe Toren« seien, denen man alles sagen müsse. Das ist schlicht falsch.

Die eindrucksvollste Erfahrung aus meinen über zwanzig Berufsjahren als Trainer und Berater ist die Beobachtung, wie tiefgreifend sich Denken und Wissen, Gefühle und Verhalten, Werte und generelle Orientierungen der Menschen verändert haben: Sie haben fachlich und organisatorisch viel gelernt und ihre Fähigkeiten enorm erweitert. Daran sind gezielte Schulungs- und Beratungsmaßnahmen ebenso beteiligt wie ein schwer zu konkretisierender Zeitgeist, in dem sich in den Auseinandersetzungen um Autorität und Erziehung oder die Rollen von Frauen und Männern (um nur zwei relevante Themen zu nennen) die Identitäten der Menschen umformten.

Diese Veränderungsprozesse der Menschen wurden und werden weder in der Organisations(entwicklungs)literatur noch anderswo diskutiert. Damit öffnete sich unversehens eine wachsende Kluft zwischen Theorien und Methoden einerseits und den Potentialen der Mitarbeitern andererseits. Diese Kluft habe ich lange Zeit auch nicht gesehen bzw. nur mit flotten Sprüchen kommentiert. Erst in jüngster Zeit ist mir klar geworden, daß sich diese Prozesse als ungeplante und unerwartete Lern- und Veränderungsprozesse beschreiben lassen, die eine Umkehrung enthalten:

Nicht Wissenschaftler oder Berater, sondern die Mitarbeiter eines Unternehmens sind die eigentlichen Organisationsexperten. Ihr Wissen und Können ist das eigentliche Organisationswissen.

Aber es ist eine Art Dornröschen-Wissen: Es schläft noch – und entwickelt sich dabei weiter. Und wie Dornröschen von einem Prinzen wachgeküßt werden muß, so muß das latente Wissen der Menschen entdeckt und organisiert werden. Es fragt sich nur, wer der Prinz ist. Es sind (das mag vielleicht überraschen) – neue *Theorien.*

Einige Theorieentwicklungen der letzten zwanzig Jahre (vor allem in den Naturwissenschaften) haben als gemeinsamen Nenner die Frage, *wie Ordnungen entstehen bzw. verändert werden.*[2] Dies ist die Schlüsselfrage des menschlichen Lebens und Zusammenlebens und sie entwickelt hier eine suggestive Dynamik. Sie führt direkt in die Auseinandersetzung mit Organisation bzw. genauer: mit Organisations*prozessen.*

Damit ist der Dreh- und Angelpunkt der folgenden Überlegungen fixiert. Das

| Wissen und die Fähigkeiten der Menschen | und | Selbstorganisationstheorien |

haben sich zwar unabhängig voneinander entwickelt, passen aber zusammen und verhalten sich wie zwei chemische Substanzen, die getrennt relativ harmlos sind, *miteinander* aber *reagieren.* Das Wissen und die Fähigkeiten der Menschen einerseits und die neuen Theorien andererseits sind aufeinander angewiesen: Das latente Wissen der Menschen kann sich nur in Selbstorganisationskontexten entwickeln, während

---

2 Die fraglichen Theorien und mein Umgang damit werden im Kap. 4 benannt und kurz diskutiert; ich nenne sie zusammenfassend Selbstorganisationstheorien.

Selbstorganisationstheorien, soweit sie uns selbst betreffen, ohne den »Unterbau« latenten Wissens leere Worte bleiben. Wenn die beiden Potentiale aber in Kontakt kommen, sprühen die Funken: Die laufenden Organisationsentwicklungen werden sich extrem beschleunigen und Organisationen in einen anderen Zustand »springen«: *Die »klassische« Organisationsform, die Machthierarchie, wird von Netzwerken selbststeuernder Systeme abgelöst werden.*

In diesem Prozeß wird sich der ganze Komplex »Organisation« einschließlich der darin investierten Selbstbilder, Hoffnungen und Ideale verändern. Dies nenne ich mit Thomas S. Kuhn einen *Paradigmenwechsel* oder, im Anschluß an Gregory Bateson, eine *Veränderung 2. Ordnung*.[3]

II.

Thomas S. Kuhn hat gezeigt, daß es in der Wissenschaft nicht bewußte geistige Ordnungsmuster gibt, die »hinter« den alltäglichen Problemen und Fragestellungen stecken und daß diese Muster gewechselt werden müssen, wenn sie erforscht sind. Er hat dies beispielsweise am Übergang vom ptolemäischen zum kopernikanischen Weltbild illustriert. Insofern wurde »Paradigmenwechsel« als historische Kategorie gebraucht, und ein Historiker in künftigen Zeiten könnte den Wechsel von der Hierarchie zu Netzwerken gut damit beschreiben. Der scheinbar historische Begriff wird aber auch zur Beschreibung der Gegenwart gebraucht Das ist kein Zufall. Er hat ein aktuelles Potential.

---

3 Die Schlüsseltexte: Thomas S. Kuhn, Die Struktur wissenschaftlicher Revolutionen, Frankfurt 1968 und Gregory Bateson, Die logischen Kategorien von Lernen und Kommunikation, in: ders., Ökologie des Geistes, Frankfurt 1981, S. 362-399

Wenn wir jedoch unsere eigenen Veränderungsprozesse mit diesem Begriff beschreiben wollen, muß er um eine innere Dimension erweitert werden. Bislang wird so getan, als sei ein Paradigmenwechsel ein dem Individuum quasi-äußerliches Geschehen, von dessen Auswirkungen der einzelne zwar berührt wird, an dessen Zustandekommen er/sie aber unbeteiligt ist. Das ist eine passive Interpretation; sie ist nicht »falsch«, macht aber ratlos.

Ich werde – im Kontrast dazu – eine aktive Interpretation vorstellen: Aus dem historischen Begriff läßt sich eine von jedem Individuum verifizierbare *Selbsterfahrungs- und Handlungskategorie* entwickeln. Ich möchte zeigen, daß der Wechsel von »der Hierarchie« zu Netzwerken ein geistiger Prozeß ist, in dessen Zentrum das Selbst bzw. Selbstbild des einzelnen steht. Wenn sich unsere Organisationsmuster verändern, verändern wir uns selbst. Das heißt, daß nicht nur alle organisatorischen Prozesse und Rollen, sondern auch das Selbstverständnis aller Beteiligten – Wissenschaftler und Berater, Führungskräfte und Mitarbeiter – neu definiert werden müssen. In dieser Perspektive stellt sich der Übergang von Hierarchien zu Netzwerken als *ein intensiver persönlicher Lern- und Veränderungsprozeß dar, in dem Sie – für sich – die Schlüsselrolle spielen.*

Deshalb enthalten die folgenden Überlegungen – wiederum im ausdrücklichen Unterschied zu den bisherigen Organisationstheorien – eine Lernstruktur und eine Lerntheorie (und die vermutlich erste konkrete Beschreibung, wie man Lern- und Veränderungsprozesse 2. Ordnung erleben, organisieren und verifizieren kann).

Wenn die Adressaten einer Theorie als »tumbe Toren« betrachtet werden, denen man etwas beibringen muß, besteht Lernen in der Übernahme des Wissens, in Anpassung und Nachmachen. (Keine Frage, daß das Anpassungspotential der Mitarbeiter angesichts vieler konkurrierender Theorien überfordert wird.) Wenn die Mitarbeiter aber als die eigentlichen Experten betrachtet werden, deren Wissen das eigentliche Organisationswissen ist, kann Lernen nicht Anpassung heißen, sondern nur Organisieren des Wissens bzw. Organisieren von Lernprozessen.

Für die Entwicklung geeigneter Lernprozesse und -verfahren können wir eine Erkenntnis des Konstruktivismus ausnutzen: Alle Theorien, Systeme, Modelle und Methoden, wie einfach oder kompliziert sie auch immer sein mögen, und alle täglichen Arbeits- und Lebensprozesse sind von Menschen erdacht und deshalb *Hervorbringungen*.[4]

Hervorbringung ist kein exklusiver Prozeß von Wissenschaftlern oder Beratern. Auch die (scheinbar passive) Anpassung der Mitarbeiter an neue Modelle bzw. die tägliche Beachtung der Hierarchie sind Hervorbringungsprozesse, die sich strukturell nicht von denen von Wissenschaftlern und Beratern unterscheidet. Deshalb können wir sagen, daß *die Produktion von Theorien und Modellen dem Prozeß strukturgleich ist, in dem tagtäglich »die Organisation« hervorgebracht wird.*

Damit sind die Essentials des anstehenden Paradigmenwechsels benannt:

- Die Verwertung des Wissens und der Erfahrungen der arbeitenden Menschen,
- der neue Kontext »Selbstorganisation«
- die Verwandlung von Theorien in Selbsterfahrungsmedien und
- der »Sprung« von der Ebene konkurrierender Organisationsmodelle auf die Ebene ihrer Hervorbringung

---

4 Die Bedeutung des »Hervorbringens« für mich am deutlichsten bei Franciso Varela, Kognitionswissenschaft – Kognitionstechnik, Frankfurt 1990.

sind zusammenhängende Aspekte oder Facetten des anvisierten »Sprungs«.

Das mag im Moment vielleicht noch abstrakt klingen, wird sich aber im Laufe der Diskussion auflösen. Denken, so hat Freud gesagt, ist Probehandeln – und hier ist der »Punkt«, an dem die Zusammenarbeit zwischen Autor und Leser bzw. Leserin neu definiert wird. Sie sind weder unerfahren noch unbefangen und kennen Ihre Erfahrungen, Fragen, Unsicherheiten, Zweifel und Leiden an »der Organisation«. Dieses (gehütete) Wissen ist das Roh»material«, aus dem, zusammen mit neuen Erklärungs- und Verhaltensmustern, ein neues Verständnis von Organisation und neue Organisationsprozesse hervorgebracht werden. Die Auseinandersetzungen mit den folgenden Ideen ist der erste Schritt in der Hervorbringung einer anderen Organisation – und beides *parallel arbeitende Prozesse.*

III.

Den beschriebenen Weg bin ich selbst gegangen. Ich arbeite seit über zwanzig Jahren freiberuflich – und immer forschend – als Verhaltenstrainer, Organisationsberater, Methoden- und Designentwickler. Ich wollte wissen: Wie funktionieren Arbeitsorganisationen?, habe (wie alle Kollegen) konventionell angefangen – und bin bei einem völlig unerwarteten »Ergebnis« gelandet.

Die folgenden Überlegungen basieren auf diesen Erfahrungen und sind in den letzten sechs Jahren nach und nach entstanden. Erste Schritte habe ich mit meiner »Theoriegruppe« gemacht, ein High-Tech-Projekt hat die Weiterentwicklung beschleunigt, und aus einem ganz anders geplanten Gespräch mit Jürgen Boss, Dominik Petersen und Werner Plumeier ist ein kleines Berater-Netzwerk entstanden, in dem wir die folgenden Ideen durchgearbeitet haben – und weiterentwickeln werden. Ihnen danke ich stellvertretend für alle, mit denen ich arbeiten, diskutieren und lernen konnte.

Das Buch ist, der Logik der laufenden Lern- und Veränderungsprozesse folgend, in vier Teile gegliedert. Im ersten Teil werden die Entwicklungen der letzten zwanzig Jahre geschildert, die mit faszinierender Folgerichtigkeit in einen »Sprung« münden. Im zweiten Teil werden die Prämissen von Netzwerken selbststeuernder Systeme entwickelt, im dritten Teil wird gezeigt, wie die Ideen verifiziert werden können und im vierten ein Szenario entworfen, wie Netzwerke verwirklicht werden können.

Da ich meine wichtigsten Erfahrungen als Berater gemacht habe und auch weiterhin Menschen in Veränderungsprozessen begleiten will, werden die Beziehungen zwischen Beratern und Klienten in hierarchischen und nicht-hierarchischen Systemen diskutiert (Kapitel 4 und 12). Dabei zeigt sich, daß Berater-Klient-Beziehungen verkleinerte Abbildungen der zu beratenden Systeme und insofern ausgezeichnete Spiegel für Erkenntnis- und Selbst-Erkenntnisprozesse sind. Schließlich noch drei Einschränkungen.

Die folgenden Überlegungen sind erstens auf Wirtschaftsunternehmen bezogen. Das hat mit meinen Erfahrungsschwerpunkten, aber auch damit zu tun, daß die zu schildernden Veränderungsprozesse dank des steigenden Konkurrenzdrucks im Wirtschaftsbereich weiter fortgeschritten sind als in anderen Bereichen gesellschaftlicher Arbeit. Die folgenden Überlegungen gelten – mit geringen Anpassungen – auch für Verwaltungen und Krankenhäuser, Universitäten und Schulen, den Sozialbereich oder Vereine und Verbände. Sie wenden sich nicht nur an Manager, Organisatoren, Fortbildner und Berater, sondern an all jene, die sich und ihre Organisationsprozesse besser verstehen und bewußter gestalten wollen.

Ich habe, zweitens, keinen Bezug auf die Selbstorganisationsbewegungen im gesellschaftlichen Umfeld genommen (wie beispielsweise die Ökobewegung oder selbstorganisierte Betriebe), die mit Sicherheit die Trends in den Unternehmen verstärken. Das läßt sich insofern vertreten, als in diesen gesellschaftlichen Experimenten bislang kein verallgemeinerbares, systematisch-methodisches Modell entwickelt worden ist, an das man anschließen könnte oder müßte.

Die folgenden Überlegungen haben, drittens, alle Eigenheiten und Mängel des ersten Entwurfs. Ich muß häufig mit Annahmen arbeiten, wo Erfahrungen überzeugender wären und an manchen Stellen sind die Ideen, wegen der mangelnden Erfahrung, noch nicht zu der Klarheit entwickelt, die ich mir wünsche.

Die Ideen dieses Buches werden sich unmittelbar bewähren müssen. Sind sie stimmig, werden sie wie ein Katalysator wirken: Sie werden laufende Entwicklungen bewußt machen, neue Entwicklungen auslösen und mit wachsenden Erfahrungen fortgeschrieben werden (müssen). Insofern sind sie auch (m)ein Entwicklungsprojekt.

J. S.
Mai 1993

Rückblick auf ungeplante Organisationsentwicklungen

Ich werde im ersten Teil dieses Buches einen Blick aus der Vogelperspektive auf die Entwicklungen der letzten rund zwanzig Jahre Organisationsentwicklung werfen. Darunter verstehe ich nicht so sehr OE-Maßnahmen, sondern die *ungeplanten* Entwicklungen, die sich als *unerwartete* und fast gar nicht wahrgenommene Nebenwirkungen gleichsam ergeben haben. Ich lade Sie ein,

- die Entwicklungen der letzten zwanzig Jahre zu bilanzieren,
- sich damit zu befassen, wie sich die Entwicklungsprozesse beschleunigt haben,
- die Grenzen und Gesetzmäßigkeiten zu identifizieren, denen sie folgen, und
- die Potentiale zu analysieren, die sie enthalten.

1. »Wie war das? Es ging so schnell«
Zur Entwicklung der letzten 20 Jahre

Die modernen Organisationen stecken in einer Krise, die sich in den letzten 20 Jahren entwickelt hat. In dieser Zeit wurde – parallel zu immer schneller wachsendem Wissen, sich immer schneller differenzierenden Fähigkeiten, zu immer größeren und turbulenteren Märkten, komplexeren Produkten, Produktionsprozessen und kürzeren Produktzyklen – die *organisatorische Leistungsfähigkeit* von Unternehmen wesentlich gesteigert. Dies geschah auf drei unterschiedlichen Wegen, und zwar durch

- (Verhaltens-)Trainings und andere Schulungsmaßnahmen,
- Projektmanagement und andere strukturelle Veränderungen und
- durch eine Art Large-Scale-Beratung, wie sie große, z. T. international arbeitende Firmen anbieten.

1.1 Kurzes Resümee der Veränderungsansätze

Der erste Trend setzte um die Wende in die 70er Jahre ein, als zum ersten mal neue Gesprächs-, Arbeits- und Konferenztechniken, neue Führungsstile, Visualisierungs- und Moderationstechniken, Gruppen- und Teamarbeit und Verkaufsverhalten geschult und eingeführt wurden. Träger dieser Veranstaltungen, die sich immer weiter differenziert haben und nach wie vor angeboten werden, waren und sind Bildungs- und Schulungsabteilungen. Sie haben weite Teile der Mitarbeiterschaft – vom Nachwuchs über die Meister und unteren Führungskräfte bis zum höheren Management – erreicht und wesentliche Einstellungs- und Verhaltensänderungen ausgelöst.

Daneben gibt es komplexere Veränderungen, die, gleichsam als ein zweiter Strang, vor allem in den letzten Jahren eingeführt wurden. Dazu zählen Gruppenarbeit in der Produktion, systematische Rationalisierungs- und Verbesserungsverfahren (wie Kaizen), Prozeßkettenoptimierung, Simultaneous Engineering, aber auch neue EDV-Verfahren wie CAD/CIM, vor allem aber

- Projektmanagement (PM),
- Cost-/Profitcenter-Ideen und
- Lean-Organization-Konzepte.

Diese neueren Ansätze sind radikaler als die erstgenannten, weil sie teilweise Parallelorganisationen darstellen (PM) und/ oder neue Formen der Zusammenarbeit erzwingen (CAD, CIM). Sie sind wesentlich komplexer als die zuerst erwähnten, sie sind wesentlich folgenreicher und sie werden nicht von Bildungsabteilungen, sondern von Vorstandsbereichen geplant, beschlossen und eingeführt. Während Bildungsmaßnahmen freiwillig sein sollen, haben die zuletzt erwähnten Veränderungsprozesse Zwangscharakter: Sie gelten für alle Mitarbeiter eines Unternehmens.

Drittens gibt es eine Art Lage-Scale-Beratung, Beratung im großen Stil, die großflächige Veränderungen bzw. Rationalisierungen bewirken sollen. Dazu zählen vor allem systematische Rationalisierungsansätze, wie sie etwa McKinsey vertritt, oder die Entwicklung neuer Unternehmens-, Produktions-, Organisations- oder Finanzstrategien, wie sie andere große Beratungsfirmen anbieten. Diese drei Ansätze decken den Nah- oder Mikrobereich (verhaltensändernde Maßnahmen), den Meso- oder Mittelbereich (Projektmanagement als Prototyp) und als komplexesten den Makrobereich (Unternehmensstrategien) ab. Die Ansätze sind heute voll entwickelt und eine große Zahl von Trainings- und Beratungsfirmen konkurriert auf dem Markt. – Diese Situation hat sich in rund zwanzig Jahren entwickelt und ist zukunftsträchtig. Es lohnt sich, sie genauer zu analysieren im Hinblick auf

- die positiven Wirkungen,
- die Defizite und
- unerwartete Nebenfolgen mit Langzeitwirkung

1.2 Leistungs- und Erkenntnisgewinne

Was haben die vielfältigen Maßnahmen erbracht? Ich betrachte sie in einer Reihe aufsteigender Komplexität und immer mit Bezug auf neues Organisationswissen bzw. neue Organisationsfähigkeiten, die mit ihnen entstanden sind.

Systematische Arbeitsmethoden aller Art haben gezeigt, daß der einzelne bzw. Gruppen kooperierender Menschen ihre Arbeitsprozesse kritisch betrachten und selbst verbessern können.

Kommunikations-, Führungs- und Teamtrainings aller Art haben nicht nur die Bedeutung und die Wirksamkeit von Verhalten und Kommunikation gezeigt, sondern auch, daß man produktiver mit Konflikten umgehen kann als in herkömmlichen Mustern. Sie haben zudem gezeigt, daß Menschen ihr *Verhalten geplant/gezielt/bewußt verändern* können und daß die Veränderung ihres Verhaltens die Effektivität ihrer Arbeit positiv beeinflußt.

Organisationsentwicklungsansätze aller Art haben gezeigt, daß die Mitarbeiter in die Prozesse einbezogen werden müssen, wenn komplexere Veränderungen schneller und effektiver verlaufen sollen.

Schließlich gibt es verschiedene Versuche mit *selbststeuernden Gruppen* in der Produktion, die der Arbeit auf Anweisung durch Meister (zum Teil) überlegen sind.

Kaizen, Quality circles und ähnliche Verfahren haben gezeigt, daß permanente Qualitätsverbesserung bzw. Innovation auf »unterster« Ebene organisiert werden kann und muß. Damit verändern sich alle Kontrollvorstellungen und -konzepte – und damit eine der »heiligen Kühe« der Hierarchie.

Diese erste Gruppe von Methoden und Verfahren bezieht sich auf die sogenannten *soft facts*, auf Einstellungen, Motivationen und Verhaltensweisen der Mitarbeiter. Die Auseinandersetzung hat rückblickend gezeigt, daß die soft facts gar nicht soft sind und daß es für die Betroffenen oft harte Arbeit ist, sie zu verändern.

Im Unterschied dazu gibt es Verfahren, die sich auf die sogenannten *hard facts* beziehen.

Rationalisierungsverfahren haben gezeigt, daß Arbeitsprozesse mit größerer Distanz und unter ökonomischen Gesichtspunkten betrachtet werden können. Sie haben auch gezeigt, daß das notwendige Wissen nur zum Teil methodisches, im Wesentlichen aber Prozeßwissen ist, über das nur die Mitarbeiter verfügen.

Die *elektronische Datenverarbeitung* inclusive CAD/CIM hat die Organisation einerseits durch neue Steuerungs- und Kontrollverfahren verändert und andererseits neue Organisationsformen bzw. neue Formen der Zusammenarbeit geschaffen.

Marketing- und Planungsstrategien haben das Verhältnis eines Unternehmens zur (Markt-)Umwelt verändert. Dabei haben Menschen gelernt, schneller und sensibler auf sich verändernde Marktbedingungen zu reagieren bzw. das Kundenverhalten durch aktivere Strategien zu beeinflussen.

Diese zweite Gruppe von Methoden und Verfahren hat das organisatorische Wissen und die Fähigkeiten der Menschen auf direkten und indirekten Wegen erweitert. Das organisatorische Wissen und Können der Menschen quer durch die Hierarchie hat sich vergrößert bzw. intensiviert und eine Situation geschaffen, die *potentiell* weit über die Hierarchie hinausweist.

Der »Todesstoß« für die Hierarchie schließlich kommt in Gestalt von Lean Management, Cost- und Profit-Centers und Projektmanagement.

Lean Management demonstriert unfreiwillig, daß die Hierarchien nicht nach funktionalen Gesichtspunkten aufgebaut waren und sind, sondern mit Rücksicht auf Personen und Machtprozesse: Sie befriedigen viel stärker die Bedürfnisse nach Aufstieg, Karriere, Prestige und Macht als nach funktionaler Zusammenarbeit.

Cost- bzw. Profit-Centers machen offenkundig, daß die großen hierarchischen Apparate (deren Hypertrophie die sozialistische Planwirtschaft war) unbeweglich sind und zugunsten kleinerer und beweglicherer Einheiten überwunden werden.

Projektmanagement schließlich bedeutet, daß eine Aufgabe aus der normalen Linienorganisation herausgenommen und einer Gruppe übertragen wird, die eine *zeitlich begrenzte Parallelorganisation* aufbaut (wobei es unwichtig ist, nach welchem Verfahren sie vorgeht). Weil aber gerade die wichtigsten Aufgaben aus der Linie ausgelagert werden und weil dies nicht einmal passiert, sondern immer öfter, liegt in diesem Vorgehen das implizite Eingeständnis, daß »die Linie« *keine* geeignete Organisationsform für komplexe Arbeitsprozesse und *als Form ausgereizt* ist. – Insofern ist die Wirkung von Projektmanagement ambivalent. Es ist der letztmögliche Versuch, die

Linie zu verändern und zu erhalten, der in einer ambivalenten Erfahrung mündet: Machen die Mitarbeiter ein Projekt erfolgreich, werten sie automatisch die Linie ab, der sie innerlich doch noch verpflichtet sind. Das ist ein immer größer werdender Spagat, der sich nicht lange aufrechterhalten läßt: Die irreversible Einführung von Projektmanagement ist der Anfang vom Ende der Linie.

1.3 Wo stehen wir heute?

Auf den ersten Blick ist die Situation ziemlich intransparent, und zwar auf mehreren Ebenen:

- Die theoretisch-methodische Situation ist unübersichtlich und verwirrend,
- die Veränderungsprojekte in den Unternehmen sind kaum bis gar nicht integriert und
- in der Praxis haben sich organisatorische Mischsysteme entwickelt, die wechselnde Anpassungen verlangen.

Die theoretisch-methodische Situation ist unübersichtlich, weil es in allen Bereichen – vom Verhaltenstraining bis zu unternehmensweiten Rationalisierungsverfahren – immer Unmengen konkurrierender Ansätze und Methoden gibt, die wahrscheinlich niemand mehr übersieht. Die Situation vereinfacht sich aber dramatisch, wenn man sie gleichsam mit Röntgenaugen betrachtet. Dann sieht man, daß hinter all dem Methoden- und Namensbrimborium nur eine Handvoll Muster stehen, die zwar aus Marketing-Gründen abgewandelt werden, im wesentlichen aber gleich sind. Dann sieht man auch, daß alle Aspekte von Organisationsprozessen von unterschiedlichen Zugängen aus erfaßt werden – und daß sie, pragmatisch gesehen, gut zusammenpassen würden.

Tatsächlich aber ist es so, daß die Ansätze und Methoden nicht integriert, sondern gegeneinander abgegrenzt werden. Das führt zu Intransparenz, Verwirrung und Desorientierung, nicht aber zu einer tragfähigen Perspektive. Methodenabgrenzung verstellt geradezu den Blick auf die Integrierbarkeit – und den Leistungsvorteil, den sie bieten würde.

Dies bestätigt die betriebliche Realität. In allen Vorstands- und Geschäftsbereichen werden Veränderungsprojekte gestartet, die manchmal so isoliert voneinander betrieben werden, daß, sprichwörtlich gesagt, die rechte Hand nicht weiß, was die linke tut bzw. schärfer: die eine nicht wissen darf, was die andere tut. Veränderungsprojekte werden unter Druck begonnen oder weil es gerade opportun ist und haben fast immer machtstrategische Bedeutung: Man muß sich abgrenzen und profilieren. (Das erfährt man meistens und am besten in informellen Gesprächen.) Es gibt deshalb in aller Regel keine synoptischen Zusammenfassungen der laufenden bzw. in Vorbereitung befindlichen Veränderungsprojekte, die Projekte selbst sind nicht aufeinander abgestimmt und widersprechen sich teilweise sogar.

Nichtsdestotrotz müssen die Projekte irgendwo integriert und die latenten Widersprüche aufgelöst werden. Da sich das Topmanagement bzw. die jeweiligen Initiatoren darum nicht kümmern, werden diese Aufgaben an das mittlere Management durchgereicht, das damit überfordert ist und dies als wachsenden Druck, als Desorientierung und als belastend erlebt. Es ist eine typische Sandwich-Situation: Die mittleren Führungskräfte werden von oben mit Veränderungsprojekten und Forderungen konfrontiert – und von unten mit dem Unverständnis und den Widerständen der nicht informierten Mitarbeiter (die unter steigendem Leistungsdruck stehen).

Diese Ungereimtheiten, Desorientierungen und Widersprüche werden durch einen Umstand gleichsam potenziert, der vor allem größere Unternehmen betrifft: Sie arbeiten mit mehreren bzw. vielen Trainern und/oder Beratern bzw. Firmen gleichzeitig. Deren Dienste werden ebenfalls *nicht koordiniert* bzw. die konkurrierenden Berater machen selbst keine Anstrengungen, unterschiedliche Projekte zu koordinieren. Im Gegenteil: Sie arbeiten latent gegeneinander, weil jeder (verständlicherweise) seine Profilierungs- und Marktinteressen verfolgt und sich von seinen Konkurrenten unterscheiden muß.

Das ist für ein Unternehmen keinesfalls von Vorteil. Die gegeneinander arbeitenden Berater bzw. Beratungsfirmen vergrößern die latenten Unsicherheiten (Wer hat recht, wer das beste Konzept?), schaffen neue Abhängigkeiten zwischen Beratern und Klienten und oft auch neue Konflikte.

1.4 Unerwartete, längerfristige Nebenfolgen

Die genannten Maßnahmen haben neben den unmittelbaren Wirkungen – Verbesserungen auf der einen und Desintegration auf der anderen Seite – längerfristige Nebenfolgen. Man kommt ihnen auf die Spur, wenn man sich die Mehrfachwirkungen von Veränderungsmaßnahmen klarmacht. Sie zielen zwar jeweils auf konkrete Veränderungen ab – entweder im Verhalten, in einer zeitlich begrenzten neuen Organisation (Projektmanagement) oder auf strategischer Ebene – wirken aber immer über ihren unmittelbaren Anwendungsbereich hinaus. Wie ist das möglich?

Veränderungsmaßnahmen machen nur Sinn, wenn sie eine Verbesserung gegenüber dem Hergebrachten sind; aber sie verändern *mehr* und *anderes* als nur das, worauf sie zielen. Wenn ein Manager lernt (um ein triviales Beispiel zu wählen) zuzuhören und Fragen zu stellen statt anzuordnen, verändert sich sein unmittelbares Verhalten zu seinen Mitarbeitern und

Kollegen, die ihrerseits ihr Verhalten (vielleicht nur ein winziges Stückchen) verändern müssen, damit die Verhaltensänderung des Managers Erfolg hat. Mit dieser systemischen Veränderung aber verändert sich etwas in einem wenig beachteten »Hintergrund«, in dem alle konkreten Verhaltensweisen begründet oder verankert sind. »Anordnen« beispielsweise ist in den *allgemeineren Kontexten* Hierarchie, Oben-unten etc. verankert. Wenn also Manager und Mitarbeiter lernen, daß »zuhören« und »Fragen stellen« effektiver ist als anordnen und gehorchen, dann werden die verallgemeinerten Vorstellungen von »Manager« bzw. »Mitarbeiter« und von Führung und Zusammenarbeit zu einem kleinen Teil mitbetroffen, ein bißchen relativiert – und ein bißchen verändert. Die verallgemeinerten Vorstellungen dienen als Hintergrundorientierung, werden normalerweise nicht hinterfragt und geben so Sicherheit. (Das Beispiel ist nicht trivial. Zwar werden viele anordnen und befehlen für Schnee von gestern und ferne Vergangenheit halten – aber so ferne ist sie auch nicht. Das Muster galt unhinterfragt-sicher bis weit nach dem Ende des 2. Weltkrieges und war vorher überhaupt nicht distanzierbar.)

Verfahren wie Projektmanagement haben weit stärker hintergrund-relativierende Wirkungen. Hier wird die Leistungsgrenze der bisherigen Organisationsstruktur offen und durch eine Alternative kompensiert. Das erschüttert den jahrtausendealten Glauben an die Stabilität »der Hierarchie« fundamental und zwingt die Mitarbeiter, *sämtliche* Vorstellungen über Organisation und Führung, Stabilität und Ordnung in atemberaubendem Tempo zu relativieren und zu überdenken.

Die Notwendigkeit, Orientierungen zu überdenken, wird durch einen immer hektischer sich drehenden Literatur- und Meinungsmarkt verstärkt. Permanent erscheinen neue Bücher und Zeitschriften, und die Verweildauer der Modelle in der öffentlichen Aufmerksamkeit wird kürzer. Dies schafft ein

Klima wachsender Umtriebigkeit, in dem keine dauerhaften und haltbaren Orientierungen entstehen können. Die immer hektischere Abfolge von unterschiedlichen Modellen und Methoden bedeutet eine implizite wechselseitige Abwertung, *die sich auch auf kommende Modelle erstreckt:* Neue Ideen kommen und gehen, aber bislang hat sich kein Modell als überlegen herausgestellt. Es gibt keines, das im Wust der Meinungen eine verläßliche Orientierung bietet und keines, das ein plausibles Ziel der ganzen Entwicklung anvisieren würde.

Insofern hat sich in höchstens drei Jahrzehnten eine betrieblich-organisatorische Kulturrevolution angebahnt, deren Eigengewicht und -dynamik weder diskutiert noch ausgelotet werden. Ein Sprichwort sagt: Steter Tropfen höhlt den Stein und heißt, auf unser Problem übertragen: Viele kontinuierliche und konkrete Trainings- und Beratungsmaßnahmen höhlen zwar keinen Stein, aber die Rückwirkungen, die sie auf die *ungefragt-sicher akzeptierten Hintergrundorientierungen* haben, erschüttern und verunsichern diese nachhaltig.

Die Hintergrundorientierungen selbst verändern sich auch. Zum einen haben die späten 60er Jahre überlieferte Autoritäts- und Ordnungsvorstellungen nachhaltig erschüttert, zum zweiten erzwingt der ungeheure Wissenszuwachs auf allen Ebenen neue, nicht-hierarchische Kooperationsformen. Während die Erschütterungen der späten 60er Jahre lange nachwirkten und andauernde Veränderungen vor allem im familialen Bereich (Kindererziehung, Partnerbeziehungen) ausgelöst haben, haben die wachsende Komplexität des Wissens und wachsender Konkurrenzdruck die Entwicklung von neuen Organisations- und Kooperationsmodellen forciert, deren eigentliches Potential freilich noch unentdeckt ist. – Man sieht: Organisationen sind »Teil« von Gesellschaften, und so wie gesellschaftliche Veränderungen in Unternehmen hineinwirken, wirken betriebliche Veränderungen auf gesellschaftliche Orientierungen zurück.[5] Schematisch kann man dies so darstellen:

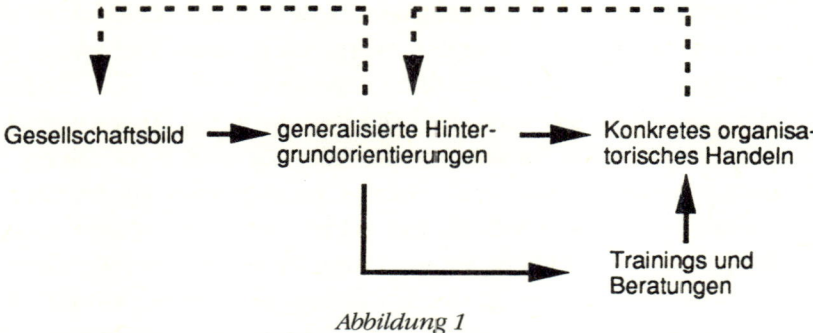

Abbildung 1

Das Schema soll so gelesen werden: Generalisierte Hintergrundorientierungen bringen das konkrete organisatorische Handeln hervor und sind ihrerseits in Gesellschaftsbildern »verankert« bzw. werden aus Gesellschaftsbildern legitimiert und begründet. Konkrete Trainings- und Beratungsmaßnahmen verändern konkretes Handeln und wirken auf die generalisierten Orientierungen zurück, die ihrerseits auf die Gesellschaftbilder zurückwirken, die sich ihrerseits verändern.

Diese Darstellung ist die einfachste Form, in der die Zusammenhänge abgebildet werden können. Sie reicht aus, um plausibel zu machen, daß das ganze System in Bewegung ist und permanent Neues = Veränderung produziert. Man könnte auch sagen: Unterschiedliche Veränderungsprozesse sind miteinander vernetzt, wirken aufeinander ein und beschleunigen sich gegenseitig. Und es ist wichtig zu sehen, daß diese Bewegungen nicht nur ungeplant sind, sondern bislang auch kaum bewußt wahrgenommen, geschweige denn begrifflich und theoretisch aufgearbeitet wurden.

---

5 Die Sprache ist verdinglichend und unangemessen und mangels einer besseren benutze ich sie noch; die vielen Anführungszeichen drücken mein Unbehagen aus und sollen auf den Leser wirken wie eine Bodenwelle auf ein Auto: Man wird ein bißchen angestoßen.

1.5 Offenbarer Widerspruch

Die Entwicklung hat sich in den letzten Jahren so dramatisch *beschleunigt*, daß sie auf einen Kippunkt zutreibt. Die Veränderungsprojekte auf allen Ebenen sind komplexer geworden, haben größere Wirkungen entwickelt, die Linienorganisation mehr und mehr relativiert bzw. unterhöhlt und einen latenten Widerspruch verschärft. Alle erwähnten Ansätze waren und sind als *Ergänzung* der Hierarchie gedacht und standen und stehen unter der Prämisse:

> Die Organisation soll effektiver werden,
> aber die Hierarchie darf nicht abgeschafft werden.

Der Widerspruch heißt: Neue Methoden sind schön – aber die Hierarchie ..., und wenn ein Vorgesetzter sagt: Verteidigen Sie in der Projektgruppe unsere Position ..., ist er komplett.

Die Maxime »Alle Ansätze sind Ergänzungen« wird mit den jüngsten Entwicklungen implizit überwunden – und damit werden die organisatorischen Veränderungsprozesse wie mit einem Turbo beschleunigt. Wir reden heute mit frappierender Selbstverständlichkeit von Personal*entwicklung*, Organisations*entwicklung*, Strategie*entwicklung* oder Unternehmens*entwicklung* – und drücken damit das Wissen aus, daß die Welt im Wandel ist, daß nichts mehr so ist, wie es war und nichts mehr so sein wird, wie es ist. Damit hat sich eine Wissens- und Erfahrungsbasis gebildet, die den Charakter von Veränderungen verändert: In dem Moment, wo die Legitimation der Linie durch ihre teilweise Außerkraftsetzung im Kern erschüttert ist, bahnt sich ein Übergang in einen anderen Veränderungs*typ* an.

Zwecks leichterer Unterscheidung kann man Veränderungstypen numerieren, und sinnigerweise nennen wir Veränderungen auf der operativen Ebene *Veränderungen 1. Ordnung*.

Veränderungen 1. Ordnung haben den Charakter von Verbesserungen, Ergänzungen oder Erweiterungen von komplexeren Systemen, in unserem Fall: der Hierarchie. Das funktioniert auch lange Zeit – bis sie schließlich an einem kaum vorhersagbaren »Punkt« und ziemlich »plötzlich« eine eigene Qualität gewinnen und in *Gegensatz* zu dem System treten, zu dessen Verbesserung sie gedacht waren.

Wenn der Kippunkt überschritten ist, relativieren die fortlaufenden Veränderungen 1. Ordnung nach und nach die *Prämissen* der hierarchischen Ordnung. Dann beginnen, anfänglich völlig unbemerkt, *Veränderungsprozesse 2. Ordnung.* Sie verlaufen in mehreren Phasen und folgen anderen Dynamiken als Veränderungen 1. Ordnung. Ihre Themen sind genereller und die Folgen weitreichender.

2. Zur psycho-logischen Situation heute

Es ist eine schöne Herausforderung, den gleitenden Übergang von Veränderungen 1. zu Veränderungen 2. Ordnung zu verstehen. Solche Prozesse sind nicht häufig, und Menschen, wir also, haben wenig bis keine Erfahrung damit, diese Prozesse zu distanzieren und unsere eigene Rolle im Spiel zu sehen, die immanente Logik und Dynamik dieser Prozesse zu erkennen und mit der Logik konform zu handeln. Deshalb bedeuten die folgenden Überlegungen sicherlich Einarbeitung in geistiges Neuland und eine (relative) Ortsbestimmung.

I.

Die Tatsache, daß die meisten Veränderungsprojekte nicht integriert sind, löst bei den betroffenen Führungskräften vor allem Desorientierung und Unverständnis aus. Was ja auch kein Wunder ist: Wenn schon auf Vorstandsebene die rechte Hand nicht weiß, was die linke tut, können die Mitarbeiter auf niedrigeren Hierarchieebenen erst recht keine Synopse herstellen. Sie erleben die Situation als hektisch und überfordernd, spüren, daß sie den widersprüchlichen Anforderungen nicht gerecht werden und rechnen sich dies fälschlicherweise als persönliches Versagen an. Sie sehen weder die Art der Prozesse, in denen sie mitmachen, noch, daß sie in einer Falle sind, in der sie nur verlieren können.

Darin liegt kein willkürliches Nicht-sehen-wollen: Aus- und Fortbildner, Führungskräfte und Mitarbeiter haben weder die kognitiven Mittel noch die notwendige emotionale Distanz. Mit der bisherigen Ausbildung bzw. in den überkommenen Interpretations- und Verständnismustern von Führung und Organisation lassen sich die skizzierten Konflikte und Dynamiken nicht verstehen, weil die üblichen Organisationstheorien diese Probleme gar nicht beschreiben und deshalb ungeeignet sind. Entscheidender aber scheint mir die fehlende emotionale Distanz, die ihren Grund in unentdeckten Abhängigkeiten hat. Führungskräfte verhalten sich – entgegen ihrem Titel – relativ abhängig, und solange sie unkritisch hinnehmen, was ihnen »von oben« aufgegeben wird, solange können sie nicht selbstbewußt die für sie unhaltbare Situation analysieren und verändern.

Dabei ist es nicht so, daß sie gar nichts spüren würden. Führungskräfte merken, daß Veränderungsprojekte nicht koordiniert sind, sie merken die Veränderungen in den »Hintergründen« und sie verspüren auch den eskalierenden Widerspruch:

Die Organisation soll effektiver werden,
aber die Hierarchie darf nicht abgeschafft werden.

Mit diesem Widerspruch können Menschen auf Dauer nur schwer leben, weil er die Prämissen ihrer Ordnungen betrifft.

Das ist der »Punkt«, an dem die Art und Weise ins Spiel kommt, wie sich Menschen mit der widersprüchlichen Situation auseinandersetzen. Menschen reden über alles, und ihr Reden ist ein Teil der Situation, in der sie sich/wir uns befinden. So reden Menschen auch über organisatorische Veränderungen und deren Wirkungen. Nun könnte man dies ja offen tun – aber da gibt es eine gewaltige Barriere: ein Tabu. Es heißt: Über Beziehungen und Gefühle spricht man nicht. Es ist zwar erschüttert und latent auf dem Rückzug, gilt aber noch in Organisationen: Die Hierarchie und die Mittel, mit denen sie geschaffen bzw. aufrechterhalten wird, sind tabu. Da Menschen aber reden müssen, bleibt nur eine Möglichkeit: Die Beschäftigung mit Veränderungsprozessen und dem, was sie auslösen, wird in den informellen Bereich abgedrängt.

Diese Verschiebung begründet mehrere Spaltungen und einen zweiten Widerspruch, der da heißt:

> *Informell darfst Du über alles reden,*
> *aber offiziell mußt Du so tun,*
> *als sei alles in Ordnung.*

Während der erste Widerspruch inhaltlich definiert ist – verändere die Organisation, aber erhalte die Hierarchie –, ist der letztere kommunikativ definiert. Hier werden Themen als legitim bzw. nicht legitim, als öffentlich und informell unterschieden. Diese Unterscheidung kennt jeder und sie scheint selbstverständlich – aber sie hat ungemein weitreichende und, wie ich annehme, noch nicht übersehene Konsequenzen.

Die Spaltung in eine Vorder- und Hinterbühne (E. Goffman) erzeugt ein systematisches Doppelspiel: Auf der Vorderbühne, im öffentlichen Teil, tun die Menschen so, als ob die Hierarchie in Ordnung wäre – und auf der Hinterbühne, im informellen Bereich, tun sie das Gegenteil. Was das bedeutet und wieviel Wissen und Veränderungsenergien hier gebunden werden, zeigt lehrbuchreif die folgende Szene.

Vor einiger Zeit habe ich vor den leitenden Personal-Mitarbeitern (ungefähr 30 Personen) eines großen Unternehmens meine Erfahrungen zum Thema »Verbesserung der innerbetrieblichen Kommunikation« referiert. Ich ging von der These aus, daß die Kommunikationsprobleme in Unternehmen (analog zur Gesellschaft) schneller wachsen als die Mittel, mit denen sie gelöst werden sollen und daß alle Kommunikationsprobleme im Kern Machtprobleme sind. Daraus habe ich abgeleitet, daß die effektivste Möglichkeit, Kommunikation zu verbessern, darin besteht, Machtprozesse offen zu diskutieren. Als Beispiel für die Informationsverluste, die durch Anpassung etc. entstehen, nannte ich ein bestimmtes Rationalisierungsprojekt, das von den Mitarbeitern des Unternehmens systematisch unterlaufen wurde. Das sei meines Wissens jedem bekannt, der Sachverhalt würde informell diskutiert, offiziell aber ignoriert.

Das Referat löste eine lebhafte Diskussion aus, die sich sehr schnell auf das Machtthema konzentrierte: Es wurde rundheraus bestritten, daß Macht eine solch zentrale Rolle spiele und immer wieder gesagt, es müsse auch andere Möglichkeiten zur Verbesserung der Kommunikation geben als die offene Auseinandersetzung mit Macht.

Das war der Tenor der offiziellen Diskussion. Aber wie so oft im Leben fielen auch hier Vorderbühne (die Tagung) und Hinterbühne (die informellen Gespräche) weit auseinander – und der Beweis für meine Thesen und Behauptungen folgte bald.

Am nächsten Morgen nach dem Frühstück kam ein Teilnehmer auf mich zu und sagte: »Was Sie gesagt haben, stimmt. Wir haben gestern beim Abendessen eine Stunde nur über die Tricks geredet, wie man das System betrügen kann.«

Dann wurde die Tagung fortgesetzt. Laut Zeitplan war noch eine halbe Stunde Zeit für die Diskussion meines Referats und die abendlichen »Nachdiskussionen« vorgesehen. Der Diskussionsleiter bat um Wortmeldungen, aber da weder mein Gesprächspartner noch ein anderer Teilnehmer sich *sofort* meldeten, ging der Diskussionsleiter zum nächsten Punkt der Tagesordnung über.

Ich war schlagartig aufs Höchste gespannt: Was passiert jetzt? Mein Gesprächspartner war (meinem Eindruck nach) von dem Vorgehen des Diskussionsleiters überrascht und eine Sekunde lang unschlüssig: Sollte er sagen: »Halt, ich habe noch etwas ...« Oder sollte er den Dingen ihren Gang lassen? Er entschied sich für letzteres – und das Rennen war gelaufen.

Nun könnte man einwenden, daß ich ja hätte sagen können: »Eben hat mir einer von Ihnen informell gesagt ...« Aber die Idee kam erst später und der Hinweis wäre in dieser Situation nicht als Erkenntnis, sondern eher als Vertrauensbruch und Rechthaberei aufgenommen worden.

Das Thema der Tagung, zur Erinnerung, hieß: Verbesserung der Kommunikation (!), und meine zentrale These lautete: Informell ist alles bekannt, aber es ist aus Machtgründen nicht opportun, daß man das, was man weiß, auch ausspricht. Das wurde bestritten – aber *genau das ist passiert.*

Puppe in der Puppe in der Puppe. Diese Situation ist eine holistisch verkleinerte, aber vollständige Darstellung der Situation nicht nur in diesem, sondern auch in anderen Unternehmen bzw. Arbeitsorganisationen und es lohnt sich, sie unter diesem Aspekt auszuwerten. Was ist hier passiert?

II.

Auf den ersten Blick sieht man, daß die wechselseitigen Anpassungen, das gepflegte So-tun-als-ob und die standardisierte Höflichkeit höherer Führungskräfte eine Konfrontation mit sich selbst und dem Wissen, das alle haben, verhindern. Und zwar auch dann, wenn der Titel der Tagung heißt: Wie können wir unsere Kommunikation verbessern?

Zum zweiten sieht man in dieser Szene sehr gut, daß informelle Gespräche entlasten. Sie wirken wie ein Ventil: Hier kann man alles darstellen, was einen bedrückt, ohne in Handlungszwang zu kommen. Die unzähligen informellen Gespräche in allen Organisationen bleiben in der Regel folgenlos –

und das ist, nicht überraschend, ihre Stärke. Deshalb wird es auch wie Vertrauens- oder Geheimnisbruch erlebt, wenn informelles Wissen veröffentlicht wird.

Drittens sieht man, daß auch hohe Führungskräfte sich wenig von sich und den Situationen, die sie schaffen, distanzieren können und sich abhängig verhalten. Das ist die eigentliche Dynamik der Situation (die man nicht entdecken würde, wenn man den Führungskräften vorwerfen würde, ihnen fehle es an Mut oder Offenheit). Das Verhältnis der Führungskräfte untereinander stellt ein fein balanciertes Spiel dar, in dem jeder auf jeden Rücksicht nimmt, sich insofern vom Zusammenspiel aller abhängig macht – und alle zusammen sich ungemein wirkungsvoll blockieren.

Wenn Sie sich distanzieren könnten, würden sie sehen, daß – auf höchster Ebene! – ein Doppelspiel gespielt wird[6], dessen Wert sich in den Währungen »Informationsverlust« und »nutzlose Arbeit« ausdrücken läßt. Wenn acht leitende Führungskräfte beim Essen eine Stunde Informationen austauschen (soviel saßen am Tisch), bedeutet dies einen Mann-Arbeitstag (!) Wissen, der dem System vorenthalten wird. Noch schlechter ist die Rechnung am nächsten Tag. Das Wissen wird 30 Personen vorenthalten, die sich stattdessen einen Vortrag anhörten, der alle langweilte, den sich aber keiner abzubrechen traute. Der Vortrag – inklusive einer uninteressierten »Diskussion« – dauerte 1 1/2 Stunden, macht, bei 30 Personen, 45 Arbeitsstunden, sprich: eine komplette Mann-Arbeitswoche. Wenn man sich jetzt noch klarmacht, daß diese Spiele *auf allen Ebenen* eines Unternehmens gespielt werden, reicht die individuelle Phantasie wahrscheinlich nicht mehr aus, um sich die Konsequenzen einer Veränderung vorzustellen.

---

6 Um kein Mißverständnis aufkommen zu lassen: »Doppelspiel« wird als Beschreibungskategorie verwendet. Es ist weder moralisch gemeint noch als Vorwurf.

Die offene Diskussion dieser Erkenntnisse würde Handlungsdruck schaffen – und die Frage aufwerfen: Wie anders? Doch damit sind wir bei der – neben den Abhängigkeiten – zweiten entscheidenden Variablen: Es gibt bislang keine konsensfähige, genügend komplexe und potentiell überlegene Organisationsvorstellung, die an die Stelle der Hierarchie treten könnte. Zwar wissen alle um die Krise der Hierarchie und ihr schon oft (und zu früh) verkündetes Ende – aber alle spüren auch das Defizit, daß es bislang kein überlegenes Modell gibt.

III.

Das ist der »Punkt«, bis zu dem die ungeplanten Organisationsentwicklungsprozesse gediehen sind – an dem sie aber nicht haltmachen werden. Es gibt keine Bremse im System, und Menschen müssen sich weiterentwickeln, ob sie wollen oder nicht. Was wird passieren?

Der latente Veränderungsdruck in den Unternehmen wird weiter steigen, weil die Entwicklung nicht stehenbleibt und weil Menschen Konflikte und Widersprüche der beschriebenen Art nur zum Teil informell abarbeiten bzw. neutralisieren können. Daraus folgt, daß an einem bestimmten, schwer vorherzubestimmenden Punkt der Mechanismus informeller Verarbeitung versagt – und *plötzlich alle wissen,* daß die Situation unhaltbar ist und verändert werden muß. Wir müssen also fragen: Was passiert, wenn sich genügend Veränderungsenergien aufgestaut haben? Dann wird der latente Veränderungsdruck plötzlich so stark, daß Veränderungsprozesse 2. Ordnung in eine dritte Phase übergehen: Sie werden offen.

Wie diese Prozesse ablaufen können, konnten wir in den letzten Jahren im ehemaligen Ostblock bzw. der ehemaligen DDR beobachten. Der scheinbar winzige Schritt von informellem Wissen zu öffentlichen Diskussionen ist also alles andere als winzig und löst bei vielen Menschen massive Ängste vor Chaos und Konflikten aus. Es ist, als würden die Grundlagen der Ordnung bedroht – und das ist nicht ganz falsch.

3. Alternative und »Sprung«

Die »alte« Hierarchie und die neuen Organisationsmodelle klaffen mit fortschreitender Entwicklung immer weiter auseinander, was sich bildlich so darstellen läßt:

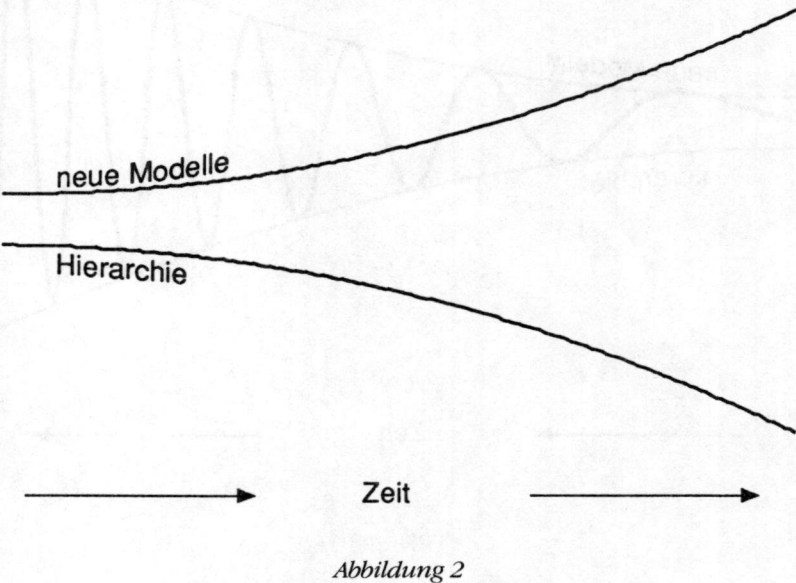

Abbildung 2

Nun sind die Orientierungen den Menschen nicht äußerlich, sondern gehen gleichsam mitten durch das Individuum hindurch: Jede(r) Mitarbeiter(in) kann sich so oder so verhalten. Aber man kann nicht beliebig hin- und herspringen, sondern man braucht Orientierungs- und Verhaltenssicherheiten. – Die wachsenden Differenzen zwischen den hierarchischen Mustern und den deutlicher werdenden Alternativen werden deshalb als Spannungen erfahren, als zunehmendes und zunehmend schnelleres Oszillieren zwischen sich ausschließenden Orientierungs- und Verhaltensmustern. Schematisch kann man das so darstellen:

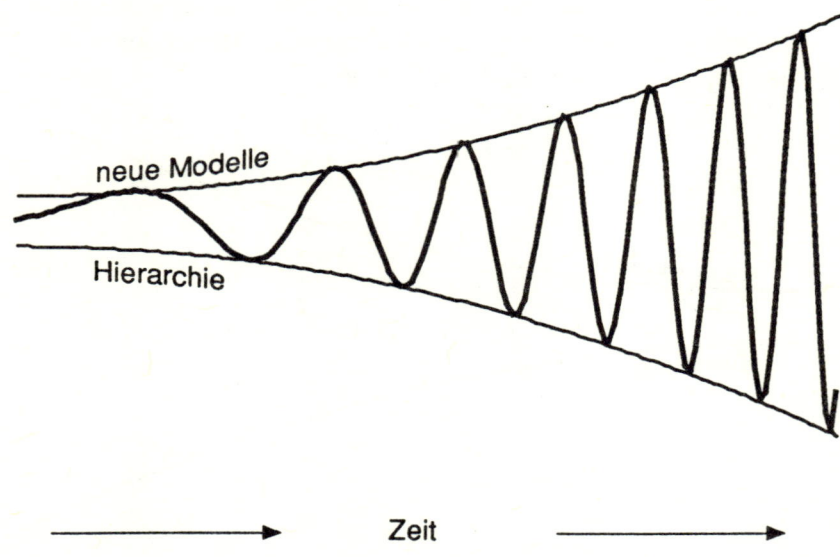

Zeit

Abbildung 3

Die immer hektischeren Schwankungen charakterisieren das Verhalten von Individuen und Systemen heute. Individuen und

Systeme sind zwei »Seiten« eines Prozesses: Wenn Systeme in Krisen geraten, werden die Individuen unsicher, und wenn Individuen unsicher werden, verstärkt sich die Krise der Systeme. Dann stellen sich Fragen: Wie geht es weiter? Können wir die Prozesse abstoppen oder werden die Schwingungen immer größer und schneller? Und geht das endlos so? Natürlich nicht. Kein System, weder ein natürliches noch ein technisches, kann seine eigene Geschwindigkeit endlos erhöhen, ohne sich selbst zu zerstören. Aber was dann?

Der Entwicklungsprozeß der Organisationen bzw. des Wissens um Organisationsmuster und -unterschiede ist unaufhaltsam. **Es gibt keine Bremse im System** (nicht einmal eine Notbremse), und es wäre um die modernen Organisationen (und letztlich um die moderne Welt) schlecht bestellt, wenn die Krisenentwicklung nur den drohenden Kollaps enthalten würden.

Tatsächlich entwickelt sich parallel zur Krise des Systems eine ganz neue Alternative, deren Tendenzen sich zum Teil abzeichnen, die als Alternative aber erst entwickelt werden muß. Wenn die Spannungen, die jeden Mitarbeiter erfassen, zu groß werden, kommen jedes Individuum und jedes soziale System unvermeidlich an einen *Verzweigungspunkt*, an dem sie sich entscheiden müssen: Kollaps oder »Sprung« auf ein anderes Niveau. – Diese neue Alternative bleibt lange Zeit verborgen und wird erst sichtbar, wenn die Entwicklungsprozesse sehr weit fortgeschritten sind; sie ist der Kern einer Veränderung 2. Ordnung und Abbildung 3 muß dementsprechend so fortgeschrieben werden:

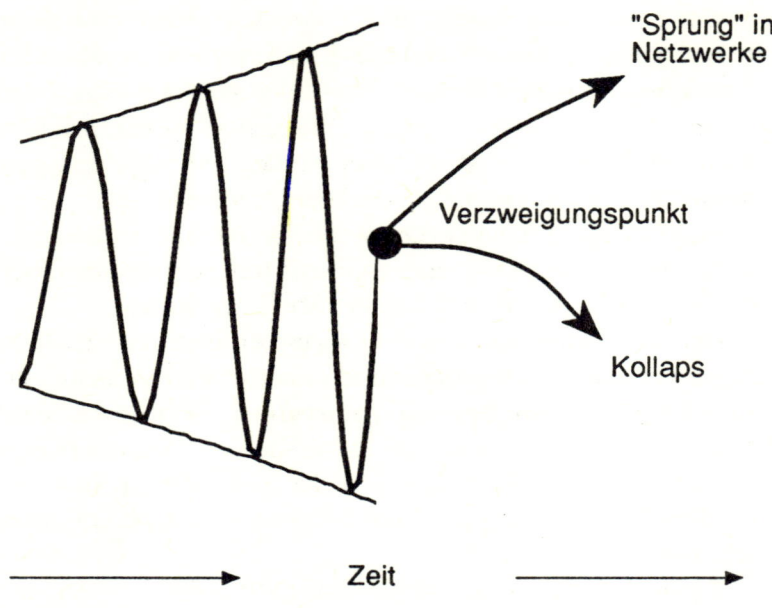

Abbildung 4

Menschen spüren die zunehmende Krise, kennen aber die darin liegenden Muster nicht und reagieren mit »Mehr vom Selben!« Das bedeutet hier einerseits ein Mehr an neuen Projekten und Projektgruppen, das Engagement neuer Berater und/ oder eine Verstärkung des Engagements der alten etc. und andererseits mehr kurzfristige Anpassungen: mehr Druck, (manchmal) straffere Führung, traditionelle Rationalisierungsmaßnahmen (Stellenabbau und Entlassungen), teilweise Kürzungen in Bildungs- und anderen Etats und andere Maßnahmen kurzfristigen Krisenmanagements. Beide Reaktionsweisen sind nicht konsequent und ohne eigentlichen Anspruch, die Krise zu lösen. Beide stoßen deshalb schnell an ihre Grenzen, was dazu führt, daß der Prozeß weiter eskaliert, erneut an einen Verzweigungspunkt kommt – und erneut nach dem

Muster »Mehr vom Selben (Von allem etwas)« reagiert wird. So wird aus der historisch und formal einmaligen Alternative eine *Verzweigungskette*, schematisch so darstellbar:

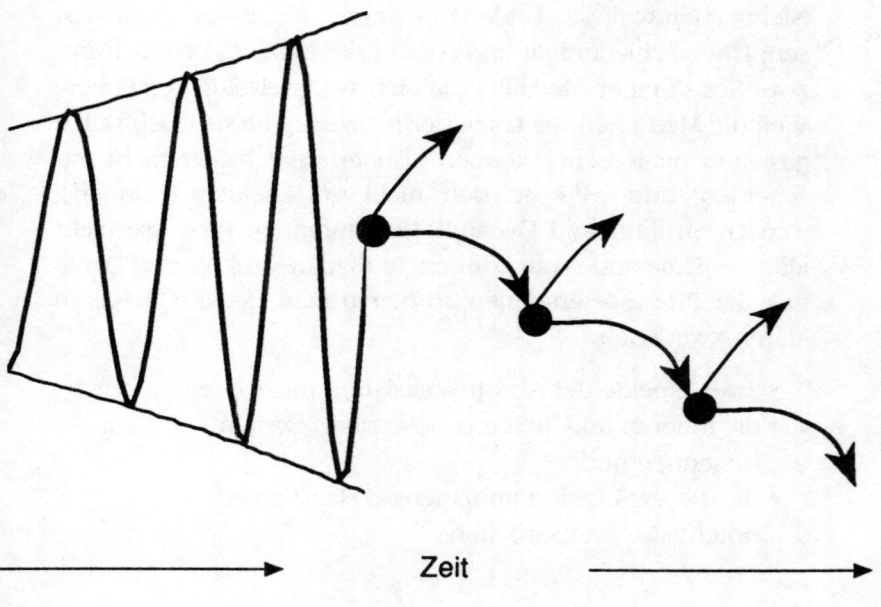

Abbildung 5

Unentschiedene Reaktionen lassen sich, je nach Situation, mehrfach wiederholen, verschärfen aber die Krise. Sie werden von Mal zu Mal hektischer, und irgendwann ist das Potential, Druck zu erhöhen etc. ausgereizt.[7] Dann bleibt nur die letzte Stufe, die schon die erste war: Kollaps – oder Sprung.

---

7 Dann versagen die Konzepte von Tom Peters ebenso wie brutale Kostensenkungsmaßnahmen (wie beispielsweise die des Chef-Einkäufers von VW): Irgendwann kommen alle Druckmaßnahmen an eine Grenze.

Das ist, gleichsam mit Röntgenaugen betrachtet, die Struktur der Prozesse, in denen viele Unternehmen bereits stecken – ohne es eigentlich zu wissen. Das ist, um es noch einmal zu sagen, kein unentschuldbares Nicht-sehen-wollen, sondern ein tiefer liegendes Nicht-Wissen: Unentschiedenheit und Nicht-Erkennen sind einfach nur zwei Seiten einer Medaille, die sich wechselseitig verstärken: Weil die Menschen die Logik der Prozesse, die sie doch selbst gestalten, nicht recht erkennen, können sie sich auch nicht entscheiden, und weil sie sich nicht entscheiden (können), werden Struktur und Dynamik der laufenden Prozesse nicht klarer. – Um handeln zu können, muß man Struktur und Dynamik der Prozesse erkennen, in denen man steckt. Um sie zu klären, werde ich

- zwei Aspekte der Abwärtseskalation präzisieren,
- die inneren und äußeren Gesetzmäßigkeiten benennen und
- die dieser Situation immanenten Handlungspotentiale herausarbeiten.

3.1 Aspekte der Abwärtseskalation

Nicht-Erkennen und unentschiedene Reaktionen sind typische Muster in Krisenprozessen: Mit kurzfristigen Maßnahmen soll etwas »gerettet« werden, was längst einer finalen Dynamik folgt und dessen einzige Alternative noch nicht wirklich sichtbar ist. So auch hier: Zwar reden viele Bücher und viele Manager von Selbststeuerung, »teilautonomen Gruppen« und ähnlichen, die Hierarchie tendenziell überwindenden Mustern – aber genau diese Konsequenz wird nicht gezogen.[8] Die in der Situation liegende Unentschiedenheit bleibt nicht folgenlos. Jede Abwärtsbewegung nach dem ersten Verzweigungspunkt verursacht Kosten, weil Betriebe unter Krisendruck in der Regel nicht mehr kreativ sind, Entscheidungen verzögert oder vorsichtig getroffen werden und eher mit kurzfristigen Anpassungen reagiert wird, statt mit längerfristigen Überlebensstrategien. Entscheidender aber noch als die finanziellen Kosten könnten die motivationalen sein. Wenn ein Unternehmen am ersten Verzweigungspunkt konsequent auf eine neue Organisation hinarbeiten würde, wäre die Reaktion der betrieblichen *opinion leaders*, d. h. der Mitarbeiter, die den Sprung durchziehen: Endlich ein Aufbruch! Und dieses Endlich! würde sehr viel neue Motivationen und sehr viel Kreativität freisetzen.

Je mehr Abwärtsschritte und halbe Aufwärtsschritte ein Unternehmen aber macht, desto mehr verändern sich die Motivationen: Aus der potentiellen Aufbruchstimmung wird mehr und mehr das Gefühl, den besten Zeitpunkt verpaßt zu haben, an der Wand zu stehen, nicht anders zu können und im Zwang zu sein. Der Sprung in ein alternatives Organisationsmodell wird immer schwerer – und am letzten Verzweigungspunkt vielleicht unmöglich. Aus einer Gewinner-Stimmung wird eine sich selbst verstärkende und erfüllende Verlierer-Prophezeiung.

---

8 Der Begriff »teilautonome Gruppen« enthält übrigens das ganze Dilemma: Eine Gruppe kann sich autonom verhalten oder nicht. »Teilautonom« heißt, daß das Management letztlich doch entscheidet – und mit seinen Entscheidungen alle Aktivitäten der »teilautonomen« Gruppe bremsen kann. Damit ist das Prinzip der Hierarchie gerettet: Ober sticht Unter – und die Autonomie zum Papiertiger neutralisiert.

3.2 Innere und äußere Gesetzmäßigkeiten

Diese Überlegungen entwerfen ein vielleicht düster erscheinendes Szenario, das von unbewußten Zwängen bestimmt ist. Kann man der Krise nicht auch mit beherztem Zupacken Herr werden und die angebliche Zwangsläufigkeit aufhalten, mit der hier der Kollaps der hierarchischen Systeme behauptet wird? Welche Handlungsmöglichkeiten haben wir überhaupt?

Die beschriebenen Prozesse sind nicht willkürlich, sondern folgen strengen, wenn auch wenig bekannten inneren Gesetzmäßigkeiten. Veränderungen 2. Ordnung sind *relativ selten* und ihre Gesetzmäßigkeiten und Dynamiken wurden bislang nur von zwei Seiten aus beschrieben: Thomas S. Kuhn hat unter den Stichworten »Paradigma« bzw. »Paradigmenwechsel« inhaltliche bzw. makrosoziologische Gesetz- und Regelmäßigkeiten beschrieben,[9] während Gregory Bateson unter den Stichworten »double bind« bzw. »transkontextuelles Syndrom« die innerpsychischen bzw. mikropsychologischen Konflikte und Dynamiken freigelegt hat.[10] – Die beiden Ansätze haben scheinbar nichts miteinander zu tun und werden meines Wissens auch nicht im Zusammenhang diskutiert. Sie ergänzen sich aber ideal und bilden zusammen eine verläßliche Ausgangsbasis, um Prozesse dieser Art wahrzunehmen, zu verstehen und die Handlungsmöglichkeiten zu entdecken, die sie bieten.

Die Krise der Organisation ist nicht außerhalb der Menschen: Jeder ist betroffen, jeder hat seinen Anteil daran und alle zusammen unterliegen den inneren und äußeren, Veränderungen beschleunigenden Spannungen. Menschen be-

---

9 In: Die Struktur wissenschaftlicher Revolutionen, a.a.O.
10 In mehreren Aufsätzen; am präzisesten, aber auch extrem knapp in »Double bind, 1969«, in: ders., Ökologie des Geistes. Frankfurt 1982

schreiben diese Erfahrungen umgangssprachlich oft als »schizophren« und diagnostizieren, ohne Wissen um einschlägige Theorien, spontan richtig.[11] Die skizzierten Situationen erfüllen die Bedingungen einer *nicht-pathologischen Schizophrenie,* weil es immer zwei mögliche Bezugssysteme und Maßstäbe gibt, an denen man sich orientieren muß: hier die Hierarchie und dort die neuen Modelle, hier sich konservativ verhalten und dort verändern. Und es gibt immer die Möglichkeit, öffentlich so zu tun als ob – und informell das Gegenteil zu tun.

Diese Doppelspiele verunsichern und führen letztlich dazu, daß Menschen das Gefühl haben, nicht richtig handeln zu können. Umgangssprachlich sagt man: »Was man macht, ist verkehrt«. Darauf reagieren Menschen empfindlich – und können sich doch nicht wirkungsvoll distanzieren und die Situation verstehen. Was nämlich wie ein »normaler« Konflikt oder Widerspruch aussieht – ist keiner.

Gregory Bateson kommt das Verdienst zu, diese Struktur zuerst distanziert und beschrieben zu haben. Er hat gezeigt, daß ein solcher Konflikt immer ein Beziehungskonflikt ist, in dem einer von einem/mehreren anderen etwas Widersprüchliches fordert, beispielsweise: Verändere die Hierarchie aber erhalte sie zugleich. Beide Forderungen sind unmöglich zu erfüllen, man muß gegen mindestens eine Forderung verstoßen, setzt sich immer latent ins Unrecht und *kann nicht richtig handeln.* Das ist der eigentliche Kern der Krise.

Bateson hat diese Beziehungsstruktur *double bind* genannt, wörtlich Doppelbindung, und eindringlich klargemacht, daß Menschen sich in Doppelbindungsprozessen hilflos und ohnmächtig fühlen oder wütend werden (wie vermutlich jeder

---

11 In dieser Diagnose sind sich übrigens auch viele Berater einig. Sie ziehen nur keine Konsequenz daraus.

einmal erfahren hat). Menschen verstehen, wie man so sagt, die Welt nicht mehr und haben *nur zwei* prinzipielle Reaktionsmöglichkeiten: Sie können sich entweder an die belastende Situation anpassen, kämpfen und leiden (bzw. im Extremfall kollabieren) oder *kreativ werden* und den Widerspruch überwinden. In der Praxis ist fast immer ersteres der Fall – und die Auseinandersetzungen zwischen den in dieser Struktur gefangenen Menschen sind der Stoff, aus dem die Dramen des Lebens genährt werden. – Und was heißt »kreativ werden«? Wie geht es weiter?

Bateson hat gezeigt, daß die Kämpfe innerhalb einer Double-Bind-Beziehung tendenziell endlos sind und nur in einem Akt extremer Kreativität überwunden werden können: Die *ganze Situation* muß überwunden und etwas *Neues* an die Stelle der alten Prämissen und Muster gesetzt werden. Das, und nichts anderes, heißt »Paradigmenwechsel«. Kuhn hat (an historischen Beispielen aus der Wissenschaftsentwicklung) gezeigt, daß *nicht bewußte geistige Ordnungsmuster* »hinter« den alltäglichen Problem- und Fragestellungen stecken, die erst dann bewußt werden, wenn sie ausgeforscht sind. Er hat solche geistigen Muster »Paradigmen« genannt und gezeigt, daß der Wechsel eines wissenschaftlichen Paradigmas nicht nur sehr selten, sondern auch ein *anderer Typ* von Veränderung ist als die »normale« wissenschaftliche Entwicklung. (Ich habe den Unterschied mit analogen Begriffen benannt: Es gibt Veränderungen *im* System und Veränderungen *des* Systems, Veränderungen 1. Ordnung und Veränderungen 2. Ordnung.)

Nun kann man die Nützlichkeit des Paradigmen-Konzepts sehen: »Die Hierarchie« kann als ein Paradigma für Ordnung bzw. Organisation aufgefaßt werden, und was ansteht, ist ein Paradigmenwechsel. So wie wissenschaftliche Paradigmen (als nicht bewußte gedankliche Prämissen) erst erkennbar werden, wenn sie ausgeforscht sind, so wird das Ordnungsparadigma

»Hierarchie« erst erkennbar, wenn die Komplexität der Arbeitsprozesse und die kognitiven und emotionalen Entwicklungen der Menschen gleichsam über sie hinausgewachsen sind. Dann leiden Menschen an der Situation – oder sie werden kreativ und entwickeln ein grundlegend neues Organisationsmuster. Während also Kuhn den äußeren Verlauf des Wechsels beschreibt – altes Paradigma, Krise, neues Paradigma – legt Bateson den Blick auf die inneren Gesetzmäßigkeiten und Dynamiken frei. Man könnte sagen: Bateson geht zwanglos in Kuhn über, und beider Beschreibungen bilden eine verläßliche Basis, um den Paradigmenwechsel in bezug auf Organisation angemessen wahrzunehmen und zu verstehen. Und wenn man die Dynamik verstanden hat, kann man die laufenden Veränderungen wissend und aktiv mitgestalten.

3.3 Lokalisierungen und Entscheidungen

Tendenziell alle Unternehmen und tendenziell alle Individuen sind von den skizzierten Prozessen und ihren inneren Dynamiken erfaßt: Jeder Mitarbeiter und jedes Unternehmen ist von den Ideen, die Hierarchie zu reformieren bzw. zu überwinden, in irgendeiner Weise berührt und es gibt kaum noch jemanden, der nicht zwischen beiden Alternativen mehr oder minder heftig schwankt. Bei vielen werden die Ausschläge noch klein sein, bei etlichen werden sie sich steigern, viele sind schon in der Krisenzone und bewegen sich irgendwo in der Verzweigungskette und alle zusammen sind wie ein unsichtbarer Resonanzkörper, der immer schneller schwingt – und dabei driftet und sich verändert. Vermutlich gleicht die Verteilung der Individuen bzw. der Unternehmen einer nach rechts verschobenen Gausschen Normalverteilung und stellt sich etwa so dar:

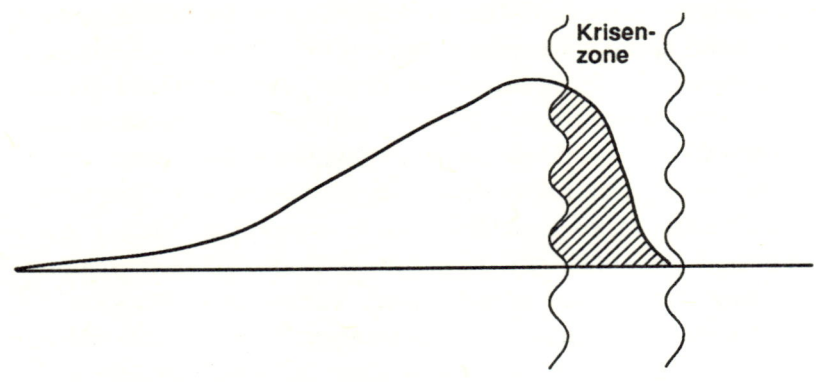

Abbildung 6

Damit eröffnet sich eine fundamentale Entscheidungs- und Handlungsalternative. Sie heißt:

Entweder die Prozesse nicht zur Kenntnis nehmen und sich ggf. wehren (das Alte erhalten wollen)
oder die Entwicklungsdrift und ihre Logik bewußt machen und mitgestalten.

Diese Entscheidung ist **der kritischste Punkt** in dem ganzen Prozeß und vielleicht der kritischste Punkt im menschlichen Leben bzw. der menschlichen Geschichte überhaupt: **Hier wird entschieden, wie Ordnung geschaffen und verändert wird.**

Ordnungen zu verändern war – und ist noch – ein höchst problematischer, Menschen tief verunsichernder, bedrohlicher Prozeß. Ordnungen wurden und werden angegriffen und verteidigt und waren und sind umkämpft. Menschen(gruppen) haben sich immer gegen laufende Entwicklungen gestellt und diese aufzuhalten und/oder abzulenken versucht. Sie haben nicht wahrgenommen, daß sich die Grundlagen einer Ordnung verändert hatten und daß ein Wechsel fällig war.

Darin steckt ein sehr generelles Problem: Bislang konnten Menschen sich nicht von sich und den Prozessen, die sie selbst organisierten, distanzieren, und konnten nicht sehen, daß die Prozesse, in denen *neue* Ordnungen hervorgebracht werden, mit den Prozessen identisch sind, in denen tagtäglich Ordnung geschaffen wird. Auch die traditionellsten und stabilsten Ordnungen sind weder vom Himmel gefallen, noch wurden sie in einem einmaligen Akt gesetzt: Ordnungen werden ununterbrochen hervorgebracht, bestätigt, modifiziert und wieder hervorgebracht. Und deshalb unterscheiden sich die Prozesse, in denen wir tagtäglich Ordnung schaffen nur in Teilaspekten von jenen, in denen *neue* Ordnungen entwickelt und verwirklicht werden.

Diese junge Erkenntnis – die im weiteren Verlauf ausgearbeitet wird – versetzt uns Heutige in eine besondere Lage: Wir sind den evolutionären – und also ungeplanten – Entwicklungen nicht mehr so hilflos-unwissend ausgeliefert wie die Generationen vor uns. Die Zunahme des Wissens und die stürmische Weiterentwicklung von individuellen und kollektiven Reflexionstechniken ermöglicht es uns, unsere inneren Konflikte distanzierter zu betrachten und den evolutionär angelegten organisatorischen Paradigmenwechsel bewußt zu machen und mit wachsendem Wissen mitzugestalten.

Die Entscheidung darüber, Entwicklungen entweder zu ignorieren oder mitzugestalten, ist eine *Meta-Entscheidung* (die man auch eine Entscheidung 2. Ordnung nennen könnte). Sie ist gestellt und wir können *nicht nicht entscheiden*. Aber sie ist mehr als »nur« eine Entscheidung zwischen zwei Organisationsmodellen. Sie betrifft die gesamte Weltsicht, mithin die Einstellungen, die Begriffe und die Theorien, mit denen Sie und ich und andere Ihre Welt beschreiben. Und alles andere wäre ein Paradox: Man kann eine neue Welt nicht mit alten Begriffen und Einstellungen schaffen.

Das bedeutet, daß wir Veränderungsprozesse neu konzipieren müssen und daß sich – analog zu Veränderungen 1. und 2. Ordnung – auch Veränderungs*strategien* 1. und 2. Ordnung unterscheiden bzw. entwickeln lassen. Darauf bezieht sich die letzte These. Sie lautet:

Veränderungsprozesse 2. Ordnung können mit den bisherigen Konzepten weder verstanden noch gestaltet werden.

Mithin muß sich unsere Kompetenz an der Lösung von drei Fragenkomplexen beweisen:

1. Wie sehen Netzwerke aus und wie bzw. wodurch unterscheiden sie sich von der Hierarchie?
2. Wie kann man die Richtigkeit dieser Überlegungen verifizieren? und
3. Wie kann ein sprunghaft verlaufender Veränderungsprozeß verwirklicht werden?

Das sind die Themen der folgenden drei Teile dieses Buches, in der sich die neue Arbeitsteilung zwischen Autor und Leser, und analog: zwischen Berater und Klient, bewähren muß: Ich kann nur Muster entwickeln, die Sie mit Ihrem latenten Wissen und Ihren Erfahrungen gleichsam zum Leben bringen müssen.

Innenansichten eines Übergangs

Der zweite Teil dieses Buches beginnt mit einer kritischen Selbst-Reflexion: Ich werde die auslösenden Momente für meinen Übergang und meinen Umgang mit Theorien schildern und dann die Unterschiede zwischen »der Hierarchie« und Netzwerken beschreiben mit der Einschränkung: Soweit sie sich heute bestimmen lassen. Dabei gehe ich in vier Schritten vor.

Im ersten werden die Prämissen von netzwerkartigen Organisationsprozessen beschrieben, im zweiten wird gezeigt, daß »Organisation« aus geistigen Prozessen »besteht«, im dritten wird nach unserem Umgang mit Gefühlen und Beziehungen und deren Steuerungsfunktionen gefragt und im vierten schließlich werden unterschiedliche Einfluß- und Entscheidungsmuster herausgearbeitet.

4. »Woher weiß er das alles?«
Exkurs zu den Erkenntnischancen in Berater-Klient-Beziehungen [12]

Nun werden Sie sich gelegentlich mit Recht gefragt haben: »Wie kommt er zu seinen Überlegungen, und wie kann ich das nachprüfen?« Diese Fragen führen mitten hinein ins Erkenntnisproblem und sollen hier unter zwei Aspekten diskutiert werden: den Austauschprozessen zwischen Beratern und Klienten einerseits und den theoretischen Ordnungssystemen andererseits, mit denen beide arbeiten.

4.1 Ergebnisse oder Erkenntnisse: Zum Verhältnis von Beratern und Klienten

Trainer und Berater haben die skizzierten Entwicklungen mit ausgelöst, und sie sind an meinen Kollegen und mir nicht spurlos vorübergegangen (sonst könnten wir sie nicht diskutieren). Im Gegenteil. Genau genommen arbeiten wir in Trainings- und Beratungsprozessen exakt an der Schnittstelle von Theorie und Praxis. Das ist eine exponierte Position, in der sich die Grenzen, Gesetzmäßigkeiten und Sprünge von Lern-

---

12 In dieses Kapitel sind viele Gespräche mit Freunden und Kollegen eingegangen; deshalb spreche ich öfter im Plural.

und Veränderungsprozessen wie in einem Vergrößerungsglas erkennen lassen. Es ist eine Position, in der eigene Widersprüche und die im Klientensystem gleichsam unter hohem Druck aufeinandertreffen und ggf. Erkenntnis- und Handlungsschübe auslösen können.

Aber das heutige Berater-Klienten-System ist nicht eigentlich auf Erkenntnis, sondern auf *Ergebnisse* angelegt. Mehr als einmal hat ein Manager gesagt: »Machen Sie mir die Leute fit, damit ...« und schnelle Anpassungen verlangt. Diese kurzfristige Anpassung und die Fixierung auf Ergebnisse bleibt *im* System und verhindert die Erkenntnis *des* Systems, das im Zusammenspiel zwischen Berater(n) und Klienten entsteht. Wenn man aber die Grenzen und Gesetzmäßigkeiten des Systems erkennen will, in dem verbunden sind, muß sich mindestens einer auf eine Meta-Ebene begeben, sich gleichsam neben oder über sich selbst stellen und sich aus der Vogelperspektive ansehen. Das machen Menschen gelegentlich spontan – und manchmal entsteht aus solchen spontanen Selbstbeobachtungen etwas Neues.

Meine Weiterentwicklung begann vor längerer Zeit mit dem diffusen Gefühl, daß die Teilnehmer in der Führungskräfte-Fortbildung oder der Nachwuchsausbildung mit unseren Programmen *unter*fordert waren. Sie redeten informell anders als im Kurs, und nach und nach verdichteten sich die diffusen Eindrücke zu einem Bild: Die Individuen sind innerlich weiter als das System, können diesen »Vorsprung« aber nicht organisieren. (Und manchmal schien es sogar so, als würden manche Vorgesetzte sich gegen ihre innersten Überzeugungen zwingen, die alten Kontexte aufrechtzuerhalten.)

Diese Eindrücke haben »gearbeitet«, ich suchte eine andere Lern- und Arbeitsform und begann mit selbststeuernden Gruppen zu experimentieren, was zu einem sich selbst verstärkenden Entdeckungs- und Entwicklungsprozeß führte: In dem Maße, in dem ich/wir neue Muster ausprobierten und Erfahrungen sammelten, vergrößerte sich die Distanz zu den alten, was neue Experimente auslöste, die wieder die Distanz vergrößerten und so weiter.[13]

Die fortschreitende Distanzierung wiederum wirkte wie ein Wahrnehmungsverstärker für die Situation der Mitarbeiter. Ich konnte sehen, daß sich die vielen parallelen Veränderungsprojekte nicht im Unendlichen schneiden, sondern in den unteren und mittleren Führungskräften, die in eine Zwickmühle kamen: Aus Loyalität und Anpassung versuchten sie, den sich vermehrenden Anforderungen gerecht zu werden, obwohl sie die Widersprüche spürten und ahnten, daß sie die Anforderungen höchstens zum Teil erfüllen konnten. Sie konnten die Schwächen des Systems analysieren, aber sie konnten ihr eigenes Wissen und Können nicht verwerten.

An diesem Punkt habe ich mich entschieden: In diesem System will ich nicht mehr weiterarbeiten, sondern stattdessen die Gesamtdynamik analysieren. Ich mußte auf eine andere Ebene wechseln und die generelle Frage nach dem Verhältnis von Berater und Klient stellen, das sich spontan als eines von Experten und Laien und als mehr oder minder gut inszeniertes Rollenspiel darstellt: Als Experte muß man »mehr« wissen als die Laien, genannt Klienten.

Dieses Verhältnis inszeniert *Abhängigkeiten,* die sich auf den ersten Blick als Widerspruch zwischen Anspruch und Realität erfassen lassen. »Moderne« Berater bieten Hilfe zur Selbsthilfe, de facto aber schielen die meisten nach dem nächsten Auftrag (ich auch). Das könnte man individuelle Schwäche nennen, ist aber immanenter Teil der Situation, weil jedes neue Projekt zwar Probleme und Konflikte löst und/oder Veränderungen auslöst, zugleich aber neue Probleme schafft. Es

---

13 Das ist das Grundmuster aller Distanzierungs-, Entdeckungs- und Entwicklungsprozesse. Es wird für Sie relevant, wenn Sie und andere sich und die täglichen Organisationsprozesse verändern wollen.

ist wie mit den Köpfen der Hydra: Für jeden abgeschlagenen wachsen neue nach.

Die Abhängigkeiten gehen tiefer und werden letztlich an der Frage entscheiden:

> Wer ist für ein Konzept verantwortlich?

Nun kann man als Berater immer sagen: »Sie müssen entscheiden ...«. Aber da die Konzeptideen der Klienten in der Regel gering sind und es kaum Auseinandersetzungen über die Vor- und Nachteile eines Konzepts gibt, die zu nennenswerten Revisionen führen würden, sind – inhaltlich und prozessual gesehen – Berater letztlich doch verantwortlich. Dies bringt die Mitarbeiter auf allen Ebenen (!) in eine abhängige Rolle insofern, als sie die Ideen anderer verwirklichen sollen.[14]

Einmal begonnen, läßt sich das Spiel mit Abhängigkeiten bis zur totalen Konfusion weitertreiben. Führungskräfte reden zwar viel von Kooperation, blockieren sich aber (aus Konkurrenzgründen) auf allen Ebenen, auch (oder gerade?) im Topmanagement, und sind deshalb kaum bis gar nicht fähig, sich auf gemeinsame Konzepte zu einigen bzw. gemeinsame Lernprozesse zu organisieren. In diesem Kontext übernehmen Berater auch – aber nicht immer – die Rolle des *deus ex machina*, der ein Konzept vorstellt, das konsensfähig ist, weil es von *keinem* der konkurrierenden Manager stammt.[15]

Ich nehme an, daß Berater und Klienten im Innersten um die Abhängigkeiten wissen, aber nicht herauskönnen oder wollen (Berater und Klienten befriedigen in ihren Beziehun-

---

14 Siehe dazu auch die Analyse der Trainerrolle in meinem Aufsatz »Schwierigkeiten mit der Autorität«, in: Gruppendynamik, 21. Jahrg. (1990), H. 4, S. 373 – 392
15 Viele Kollegen sehen die Situation ganz anders. Sie verhalten sich konventionell und befürchten, daß sie das Klientensystem eher überfordern, sind immer um »Anschlußfähigkeit« bemüht, kontrollieren sich und halten sich zurück – und die Fäden in der Hand.

gen immer auch Abhängigkeits*wünsche*). Jedenfalls finden sie bei den konventionellen Organisationstheorien und -methoden keine Hilfe. Im Gegenteil: Die Abhängigkeiten werden (vermutlich unbewußt) verstärkt.

Die gängigen Organisationstheorien und -methoden wurden alle im Kontext konkurrierender Theorien und Modelle entwickelt und durchgesetzt. Das klingt wohlbekannt und selbstverständlich – aber der Konkurrenzkontext *relativiert* de facto alle Ansätze und entwertet sie letztlich. Die Theorien und Methoden müssen sich aus Konkurrenzgründen – und nicht aus Erkenntnisgründen! – unterscheiden und werden deshalb gegeneinander abgegrenzt, verbal aufpoliert und mit immer schöneren Leistungsversprechen angeboten. Das macht ihre Schwäche aus: Sie machen ihre eigenen Macht- und Konkurrenzvoraussetzungen genausowenig zum Thema wie die Macht- und Konkurrenzprozesse in Organisationen.

Weil sie ihre eigenen Konkurrenzvoraussetzungen nicht distanzieren, können sie die Ähnlichkeit nicht entdecken. In der Konkurrenz der Theorien und Methoden spiegelt sich die Konkurrenz unterschiedlicher Ordnungs- bzw. Organisationsvorstellungen der Mitarbeiter: Die einen sind hierarchie- und autoritätsgläubig, die nächsten setzen auf Projektmanagement, die einen auf diese und die anderen auf die nächste Schule. Alle Vorstellungen liegen im Clinch, und niemand kann das zugrundeliegende *Muster* im Streit der Organisations- und Ordnungsvorstellungen – Konkurrenz – entdecken und überwinden. Dementsprechend »chaotisch« ist die Praxis: Sie ist ein Schlachtfeld unterschiedlicher Ordnungs- bzw. Organisationsvorstellungen, auf dem ungeheure Energien verschlissen werden.

Dieses System und seine Kosten sind solange nicht erkennbar, wie Berater und Klienten auf Ergebnisse fixiert bleiben. Solange sind auch die Verzweigungskette und ihre immanenten Dynamiken nicht erkennbar, solange bleiben Berater und

Klienten in subtilen wechselseitigen Abhängigkeiten, solange können beide ihre eigentlichen Fähigkeiten nicht entwickeln und solange können sie nicht bewußt »springen«. – Dies sehend, war klar, daß ich »springen« und dieses Neue machen mußte. (Das ist mein Teil im Paradigmenwechsel.)

4.2 Ein kurzer Blick auf verwendete Theorien

Für die Nutzbarmachung des latenten Wissens und den Sprung in Netzwerke selbststeuernder Systeme braucht man eine allgemeinere Theorie, mit deren Hilfe nicht nur die latenten Potentiale der Menschen organisiert, sondern auch die Konkurrenzen und deren Wirkungen auf das Tun und Lassen distanziert und damit handhabbar gemacht werden können. Man braucht eine Theorie, über die man nicht mehr konkurrieren kann, weil sie von jedem Individuum verifiziert werden kann, und man braucht ein neues Verhaltensmuster, in dem die Mitarbeiter eines Unternehmens sich mit diesen Fragen offen auseinandersetzen können.

Die Theorie läßt sich aus mehreren »Zutaten« konstruieren. Der dafür wichtigste Autor ist Gregory Bateson. Ich übernehme seine Theorie des Geistes – dargelegt in seinem Spätwerk »Geist und Natur. Eine notwendige Einheit«[16] –, weil er erstens gezeigt hat, daß alle menschlichen Probleme und Prozesse, also auch Organisationsprobleme und -prozesse, geistige sind und weil er zweitens das bei weitem leistungsfähigste theoretisch-begriffliche System dazu entwickelt hat.

Batesons Theorie harmoniert mit dem sogenannten »radikalen Konstruktivismus«, der gezeigt hat, daß alle geistigen Prozesse von Menschen, von einzelnen Ideen bis hin zu gesell-

---

16 Frankfurt 1979

schaftlichen Ordnungen, keine Abbildungen »der Welt« sind, sondern Konstruktionen – und somit *Hervorbringungen*. Damit ist der schöpferische Aspekt geistiger Prozesse herausgearbeitet.[17]

Von Norbert Elias übernehme ich zum einen das Distanzierungskonzept, zum anderen seine Ideen zum Verhältnis von geplanten und ungeplanten Entwicklungen, das sonst kaum thematisiert wurde.[18] Von Thomas S. Kuhn schließlich übernehme ich die Ideen von Paradigmen und Paradigmenwechseln, von geistigen Grundmustern und ihren Veränderungen.

Daneben finde ich die Denkfiguren der Chaostheorie sehr anregend, vor allem in den Passagen, in denen sprunghafte Übergänge und Selbstähnlichkeiten beschrieben werden. Schließlich habe ich noch ein wenig zum Thema Künstliche Intelligenz (KI) und zur Gehirnforschung gelesen, um die fraglichen Probleme auch von einer anderen Seite zu betrachten.

Die verwendeten Theorien haben mehrere Gemeinsamkeiten. Sie beschreiben erstens, *Prozesse*, d. h. Veränderungen, sie beschreiben zweitens, *wie Ordnungen entstehen bzw. verändert werden* und sind deshalb drittens, vom Typus her gesehen, *Selbstorganisationstheorien*. Sie zeigen, daß Ordnung bzw. die Entstehung von Ordnung natürlichen und geistigen Prozessen immanent ist und beschreiben exakt das Problem, um das es hier geht.

Mehrere der Konzepte sind ursprünglich an nicht-menschlichen, natürlichen und/oder technischen Problemen und Prozessen entwickelt, was sich als Vorteil erweist: Sie sind durchgehend nicht-normativ. (Humanwissenschaftliche Theo-

---

17 Siehe neben der erwähnten Arbeit von Varela beispielsweise Heinz von Foerster, Sicht und Einsicht, Braunschweig 1985 und die Arbeiten von Humberto Maturana.
18 Sie vor allem ders., Engagement und Distanzierung, Frankfurt 1983

rien haben fast alle eine normative Basis.) Und dies macht sie, so überraschend das im ersten Moment klingen mag, für die Beschreibung und Veränderung von Organisationen so attraktiv.

Ich bin in den meisten Ansätzen kein Experte, ja, nicht einmal bewandert. Ich lese und verarbeite was mir gefällt bzw. was ich in Selbsterfahrung überprüfen kann. Was für mich attraktiv ist und meine Phantasie reizt, nehme ich auf, was mich nicht reizt, vergesse ich. Darin liegt ein Prioritätsverhältnis: *Das Selbst entscheidet über die Theorien, die es akzeptiert oder verwirft, und knüpft ein theoretisches Netzwerk, das durch seine Geschichte und seine Erfahrungen verifiziert und zusammengehalten wird.*

Das mag arrogant klingen oder selbstbewußt, spricht aber nur aus, was alle Menschen machen: Jedes Individuum ist für sich selbst die letzte Instanz, die entscheidet, was für sie/ihn richtig ist und was nicht. Das gilt auch dann, wenn er/sie sich einer »größeren Macht« (oder einer »besseren« Theorie) unterwirft. Es geht nicht anders: Das Individuum muß letztlich irgend etwas anderes als »größere Macht« (oder: »bessere Theorie«) definieren, um sich unterwerfen zu können. Der Akt der Anerkennung ist ein Akt des Selbst, kann einem von niemandem abgenommen werden und bemißt sich letztlich immer an unbewußten Programmierungen und je individuellen Erfahrungen und Wünschen: Diese haben *existenzielle* Bedeutung, sie sind »mein« »Ich«, meine Identität und meine Weltsicht, während Theorien *nachträglich* importierte Erklärungen, Deutungen oder Interpretationen sind. – Deshalb steht Theorie – naive wie wissenschaftliche – immer in einem sehr engen Verhältnis zur Identität dessen, der damit arbeitet und ist *letztlich nichts anderes als ein abstrahiertes (und manchmal entpersönlichtes) Selbst- und Weltbild.*

Ähnlich, denke ich, wird es Ihnen gehen. Auch Sie haben vermutlich frustrierende Erfahrungen mit Theorien gemacht, und

auch Sie erwarten trotzdem von Theorien, daß sie »die Welt«
besser erklären, damit Sie Ihr Handeln besser steuern können.

4.3 Über den Umgang mit Theorien im Übergang zu selbststeuernden Systemen

Die Theorien allein machen es nicht. Sie sind zwar komplex genug, müssen aber, wenn sie wirksam sein sollen, verinnerlicht werden. Das impliziert ein völlig neues Verhältnis der Individuen zu Theorien *und* Selbsterfahrung (und auch ein neues Verhältnis von Autor und Leser).

Bislang werden nur wissenschaftlich erzeugte gedankliche Systeme »Theorie« genannt, die kaum bis gar nicht in die tägliche Organisationspraxis integriert sind. Da Menschen sich die Welt verständlich machen, sich orientieren und handeln müssen, benutzen sie statt der angeblich »besseren«, tatsächlich aber unanschaulicheren und weniger erklärenden »wissenschaftlichen« Theorien – ihre unreflektierten, »naiven« Alltagstheorien, die von den wissenschaftlichen Theorien weder erreicht noch ernst genommen werden.

Die naiven Theorien erkennen oder erfahren wir nicht als solche, weil sie verinnerlicht sind, Teil der Person und in der Regel wenig distanziert. Aber alles Wissen, auch das alltägliche, unreflektierte Wissen »besteht« *immer* aus einer *Kombination* von

Beobachtungen empirischer Ereignisse	und	Theorie(n), die Zusammenhänge herstellen und erklären.

Menschen verorten ihre Erfahrungen in ihren verinnerlichten Theorien bzw. überprüfen umgekehrt ihre naiven Theorien permanent (aber nicht bewußt) an ihren Erfahrungen. Der

Zusammenhang zwischen Theorie und Erfahrung ist zirkulär und normalerweise bestätigen sich beide wechselseitig. Heute reichen naive Theorien nicht mehr aus, um die täglichen Erfahrungen bruchlos zu verarbeiten. Die gedanklichen Muster werden wackelig bzw. unsicher und die neuen Erfahrungen der Menschen drängen nach einer anderen gedanklichen Interpretation. Wir brauchen, man spürt es, eine andere Theorie, genauso umfassend und vielleicht auch so verinnerlicht wie die naiven Theorien – aber eben nicht mehr so naiv.

Die Theorie, die wir jetzt entwickeln müssen, hat einen »Organisationssprung« zum Thema und stellt selbst eine Art Sprung in der Theorie dar. Die neue Theorie muß

- das aktuelle Konkurrenzsystem bescheiden und damit potentiell überwinden, sie muß
- den ganzen Hervorbringungsprozeß beschreiben und insofern ganzheitlich sein, und sie muß
- in die Praxis integriert sein, d. h. das Denken und Handeln, das Tun und Lassen der Menschen leiten.

Das bedeutet, daß die theoretischen Erklärungen in den täglichen Erfahrungen der Menschen verifiziert werden müssen und daß die täglichen Erfahrungen die gedanklichen Erklärungen modifizieren bzw. weiterentwickeln. Diese Theorie hat folglich die gleiche Bedeutung oder die gleiche Reichweite wie die (bislang) naiven Alltagstheorien und wird von den tatsächlichen Experten »geschrieben«, nämlich den Menschen, die ihre Arbeitsprozesse zunehmend selbst organisieren.[19] Sie kann deshalb eine *reflektierte Alltagstheorie* genannt werden.

Wie enorm praktisch dieses Projekt ist, mag ein ziemlich alltägliches Beispiel verdeutlichen, an dem sich die Funktion von

---

19 Ich spreche hier von Organisationsprozessen; die Überlegungen lassen sich aber ohne jede Schwierigkeiten erweitern und auf alle Lebensprozesse ausdehnen.

naiven Alltagstheorien bzw. das Potential einer reflektierten Alltagstheorie gut demonstrieren läßt. Ein Planer bekommt den Auftrag, eine Vorrichtung für die Fertigung eines technischen Bauteils zu bauen. Da das fragliche Teil aber noch nicht fertig konstruiert ist und der Planer aus Erfahrung weiß, daß es noch verändert werden wird, beschließt er, eine provisorische Vorrichtung zu bauen, womit er viel Geld sparen würde. Das erfährt ein höherer Vorgesetzter, der den Planer daraufhin anweist, keine provisorische Vorrichtung zu bauen, sondern die endgültige. Es kommt natürlich, wie es kommen muß: Das fragliche Teil wird umkonstruiert, die Fertigungsvorrichtung wird zu Schrott – und eine Million Mark sind in den Sand gesetzt.

Was passiert hier – unter dem Aspekt naiver bzw. reflektierter Alltagstheorien betrachtet? Zunächst: Der Planer handelt im ersten Moment selbständig, läßt sich aber zurückpfeifen, als sein Vorgesetzter ihn anweist. Wie mögen sich beide ihr Handeln bzw. das des anderen erklären? Ich stelle es mir, im Kontext naiver Alltagstheorien, ungefähr so vor:

Vorgesetzter:

Der Mitarbeiter handelt zu selbständig; vielleicht ist seine Idee gut, aber das entscheide ich.
(Den Rest denkt er sich und legt alles in seinem informellen Speicher ab.)

Mitarbeiter:

Der Vorgesetzte hat das Sagen; das Ganze ist zwar unsinnig, ich muß mich aber fügen, daran man kann sowieso nichts ändern.

(Den Rest denkt er sich, spricht evt. informell darüber und legt alles in seinem informellen Speicher ab.)

(So ähnlich, und so weiter. Sie kennen die Formeln, mit denen Menschen ihr Verhalten bzw. das der anderen kommentieren.) Das ist naive Alltagstheorie und alltägliches Verhalten. Die Beteiligten reden jeweils vom anderen und ihr Entscheidungsmuster ist binär: Entweder er oder ich. Sie sehen nicht den Zusammenhang, in dem sie beide stehen, und daß sich sich wechselseitig verstärken. Dieses System ist deshalb auch stabil: So können die Beteiligten sich nicht ändern.

Eine reflektierte Alltagstheorie würde das Zusammenwirken der beiden, ihre unausgesprochenen Entscheidungsmuster und ihre unausgesprochenen Erklärungen = Theorien und ihre Selbsterfahrung zum Thema machen: Warum verhalten sie sich so, welche Motive (Befürchtungen, Ängste etc.) treiben sie und welche Konsequenzen hat ihr Verhalten in dem größeren System, in dem sie arbeiten? Welche Konsequenzen wären die besseren und wie könnten sie ihr Verhalten verändern?

Mit diesen Bemerkungen möchte ich Sie zur Probe aufs Exempel einladen. Ich werde in den folgenden Kapiteln eine neue Interpretation für »Organisation« und Ihre Erfahrungen anbieten und in Ihrer Auseinandersetzung damit muß sich erweisen, ob sie neue Perspektiven der Selbsterfahrung und Selbsterkenntnis eröffnen oder nicht.

5. »Das Geheimnis liegt in der Verknüpfung der Elemente.«
Referenzsystem und Prämissen von Netzwerken

Um das eigentlich aufregende Neue an der Netzwerk-Idee zu entdecken, muß man sich zunächst das prägende Bauprinzip der Hierarchie klarmachen. Es besteht in der Annahme, der oberste Hierarch wisse alles, was wichtig ist bzw. er sei für alles verantwortlich und müsse deshalb letztlich alles entscheiden. Wenn er nicht selbst entscheidet, dann nur, weil er seine Entscheidungsgewalt als Befugnis delegiert hat. Die Hierarchie als Organisationsmodell ist am Muster absoluten, d. h. letztlich göttlichen (bzw. religiösen) Wissens orientiert.

Dieses Muster ist heute weitgehend säkularisiert, ist aber nach wie vor die sinnstiftende Orientierung, die durch passende Gefühle massiv gestützt wird: Das Organisationsmuster Hierarchie baut (zum vielleicht entscheidenden Teil) auf tief verinnerlichten, kognitiv kaum und emotional fast gar nicht distanzierten Abhängigkeiten (im Sinne von Unterwerfung) auf. (Deshalb können sich Menschen in Hierarchien jedweder Art sofort zurechtfinden und »funktionieren«.)

Und worauf beziehen sich »Netzwerke«? Der Begriff hat sich in den letzten Jahren rasch verbreitet und wird für unterschiedliche Bereiche verwendet. Man spricht von neuronalen Netzwerken im Gehirn, von Computer-Netzwerken oder Netzwerken selbstorganisierter Betriebe (um nur drei Beispiele zu nennen). Was also leistet das Netzwerk-Bild hier und wie entwikkeln sich netzwerkartige Organisationen?

5.1 Referenzsysteme: Neuronale Netzwerke und Geist

»Netzwerk« wird als *Bezeichnung* für eine bestimmte nichthierarchische Organisationsform gewählt, die als selbstorganisierend charakterisiert wird. Was der Begriff leisten kann, kann man aus der folgenden Zusammenfassung des Entwicklungsstandes der KI-Forschung ableiten:
»Orientiert am Vorbild der Natur, entwerfen die Konnektionisten eine stimmige Architektur für kognitive Systeme:

- Kognitive Prozesse werden (...) als »emergente« – neue, unvorherberechenbare – Eigenschaften komplexer Systeme betrachtet, in denen viele Einzelkomponenten in dynamische Wechselwirkung treten.
- Die Bausteine solcher Netzwerke sind – wie beispielsweise Nervenzellen des Hirns – langsame und einfache Recheneinheiten. Entscheidend für ihre Leistungsfähigkeit ist das Strickmuster: Das Geheimnis liegt in der (...) Verknüpfung der Elemente.
- Verarbeitung von Information ist parallel organisiert. Die Verrechnungsergebnisse sind über viele Netzwerk-Elemente verteilt.
- Von entscheidender Bedeutung ist, daß die Verknüpfungen in solchen Netzwerken nicht fertig vorgegeben sind, sondern daß die Netze »aus Erfahrung lernen«. Ihre Stuktur ist von ihrer Geschichte nicht zu trennen.
- Die »kognitiven Netzwerke« haben ganzheitlichen Charakter: Sämtliche Teile des Netzes können sich gegenseitig beeinflussen. Aus lokaler Interaktion entsteht globale Ordnung.

- Kognitive Systeme – ... – bedürfen keiner Steuerungszentrale, es braucht keinen lenkenden »Homunkulus« in der Maschine. Die Strukturen der Vernunft (...) organisieren sich selbst.«[20]

Diese Zusammenfassung beschreibt die Logik dessen, was in einem Gehirn vor sich geht, die Logik kognitiver, d. h. gedanklich-ideeller Prozesse. Sie ist aber nicht auf Prozesse im Gehirn beschränkt, sondern beschreibt analog kognitive Prozesse *zwischen* Menschen. Man muß nur »Nervenzellen« gegen »Individuen« austauschen, um eine zutreffende Beschreibung von ungestörten kognitiven Prozessen zwischen Menschen zu erhalten. Wieso, will ich an mir selbst demonstrieren (und ein Beispiel dafür geben, wie sich scheinbar abstrakte Theorien in Selbsterfahrungskategorien übersetzen lassen).

Ich (J. S.) kann mich, nicht ohne Ironie und Selbsterfahrung, als »langsame und einfache Recheneinheit« erleben, wenn ich nämlich an irgendeinem Problem nicht weiterkomme, wenn ich denke und denke ... – und mich festfahre. Wenn ich dann in dynamische Wechselwirkungen mit anderen »einfachen und langsamen Recheneinheiten« trete und mit Freunden und Kollegen über mein Problem rede, entstehen neue Ideen, an die vorher keiner gedacht hat (wer weiß schon vorher, was bei einer Besprechung herauskommt?). Sie gehören ausschließlich der Situation an und erfüllen insofern das Kriterium »emergent«. Das ist nicht nur meine Erfahrung; jeder weiß, daß die Beziehungen zwischen Menschen über ihre Leistungsfähigkeit entscheiden und daß, um es mit den Worten des Zitats zu sagen, das Geheimnis in der Verknüpfung liegt (sonst gäbe es keine Organisationsdiskussion).

Die Künstliche-Intelligenz-Forschung konzentriert sich auf die Logik kognitiver Prozesse, um sie nachzubauen, und jeder

---

20 Andreas Engel, Vorstoß zu den Quellen der Intelligenz, in: GEO Wissen, Intelligenz und Bewußtsein, 1992, S. 24

weiß, daß »Probleme« aus kognitiven Prozessen »bestehen«, aber jeder weiß im Innersten auch, daß es Probleme zwischen Menschen gibt. Ein Produkt oder ein Produktionsprozeß, ein Marketing- oder ein EDV-Konzept, Unternehmens- oder Personalplanungen, Entscheidungen und Nicht-Entscheidungen sind zunächst kognitive Vorgänge in einem einzelnen Kopf. Aber da bleiben sie nicht lange.

Ideen werden zwischen Menschen kommuniziert – und verändern sich in dem Moment, weil sie »Teil« der Beziehungsdynamik zwischen Menschen werden. In dem Moment, in dem Ideen ausgesprochen werden, geht es, wie jeder aus freud- und leidvoller Erfahrung weiß, nicht mehr um Ideen allein: Ihre weitere Entwicklung hängt von Beziehungen und Gefühlen ab, davon, ob Menschen sich mögen und gut gelaunt sind, ob sie sich desinteressiert verhalten oder ängstlich sind, oder ob sie rivalisieren oder sich bekämpfen. Und weil die Entwicklung von Ideen derart von Beziehungen und Gefühlen abhängt, kann man mit Fug und Recht sagen: Gefühle und Beziehungen sind die eigentliche Prozeßsteuerung.

Wenn man also die tatsächliche Dynamik von kognitiven Prozessen in und zwischen Menschen verstehen will, um sie nutzen zu können, muß man zwei weitere »Dimensionen« des menschlichen Lebens in Rechnung stellen: Gefühle und Verhaltensmuster. Da Menschen nicht nicht denken, nicht nicht fühlen und sich nicht nicht verhalten können, da wir also immer in allen drei »Dimensionen« aktiv sind und die drei »Dimensionen« sich wechselseitig beeinflussen, scheint es sinnvoll, Kognitionen, Gefühle und Verhaltensmuster zusammenzufassen und die Kombination *menschlichen Geist* zu nennen.[21] Die Kombination der drei geistigen Dimensionen läßt sich, analog zum physikalischen Raum, als dreidimensionaler »geistiger Raum« so darzustellen:

---

21 Diese Sicht ist aus Gregory Batesons Arbeiten entwickelt.

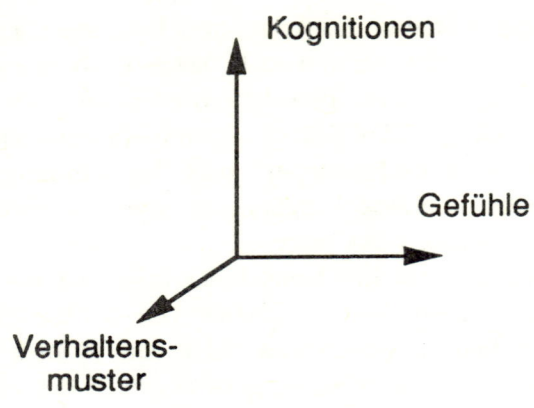

Abbildung 7

5.2 Warum sind diese Definitionen von »Geist« wichtig?

Das menschliche Gehirn ist das komplexeste System, das wir kennen und seine (angeborene) Leistung bzw. »Aufgabe« die vielleicht faszinierendste überhaupt: Es erzeugt immer wieder neue und (meist) komplexere Bilder von sich und der Welt, auf die es wiederum reflektiert. Dieser Prozeß verläuft gleichsam automatisch – und daß er quasi-automatisch verläuft, deutet daraufhin, daß den kognitiven Prozessen eine Ordnung immanent ist. – Was Sie augenblicklich überprüfen können: Während Sie lesen, assoziieren Sie weiter und erzeugen Bilder oder Vorstellungen von dem was Sie lesen und verknüpfen sie bewußt oder unbewußt mit Ihren Erfahrungen, Ihren Werten und Überzeugungen. Und alles in einer faszinierenden Folgerichtigkeit.

Der menschliche Geist (mit dem Gehirn als neuronaler Basis) erzeugt immer neue Aufgaben und Probleme, die er mit seinen eigenen Mitteln lösen muß (weil es andere nicht gibt). Ursache und Folge verhalten sich zirkulär, und jede Lösung wird zum Ausgangspunkt neuer Probleme. Wenn der kognitive Geist aber permanent Probleme und Lösungen erzeugt, wenn er einer immanenten Ordnung folgt und netzwerkartig arbeitet und wenn es keinen prinzipiellen Unterschied zwischen den geistigen Prozessen in einem Kopf bzw. zwischen mehreren gibt, dann können wir daraus

1. ein Organisationsmodell und
2. ein Optimalitätskriterium

ableiten. Die Maxime für das Organisationsmodell lautet:

Die Logik geistiger Prozesse in und zwischen Menschen nachkonstruieren!

und das Optimalitätskriterium lautet:

Geistige Prozesse sind dann optimal organisiert, wenn sie geistkonform sind.

Geistkonform heißt, daß die kognitive Struktur des Problems, die Gefühle und die Verhaltensmuster der Menschen immanente Ordnungen haben, die wir erkennen und denen wir folgen können. Organisationsprozesse sind dann geistkonform, wenn die Logiken der Kognitionen, der Gefühle und der Verhaltensmuster so aufeinander abgestimmt werden, daß sie zusammenpassen.[22] – »Geistkonform« wird deshalb zur **neuen Leitorientierung.**

Damit ist der Kern der Argumentation erreicht: Netzwerke beziehen sich auf ein grundlegend anderes Referenzsystem als

---

[22] Und sie sind auch gehirnanalog, weil, wie wir heute wissen, die neuronale Basis geistiger Prozesse, das Nervensystem, selbstorganisierend und netzwerkartig aufgebaut ist. Siehe John Eccles, Die Evolution des Gehirns – die Erschaffung des Selbst, München und Zürich 1989.

Hierarchien. Sie gehen nicht von monopolisierbarem bzw. kontrollierbarem Wissen, sondern von seinem Gegenteil aus: Der menschliche Geist ist ununterbrochen kreativ und schafft auf vielfach verschlungenen Wegen neues Wissen. Da wir die Logik von kognitiven Prozessen erkennen und beschreiben können, können wir sie auch als »Selbststeuerung« bzw. »Netzwerk-Organisation« nachkonstruieren. Und die These heißt: In dieser und nur in dieser Perspektive können die heutigen Widersprüche in der Organisation überwunden, das vorhandene Wissen organisiert und der Kollaps vermieden werden. (Das Ziel einer geistkonformen Organisation paßt insofern zu den Mega-Trends »Intelligenzforschung« und »Informationsgesellschaft«; die ungeheuren Daten- und Wissens»mengen« werden sich vermutlich nur in geistkonformen Organisationsprozessen bewältigen lassen.)

5.3 Konkretisieren und Wiedererkennen

Das klingt vielleicht neu und anti-hierarchisch, ist es aber höchstens zum Teil. Eine distanziertere Betrachtung unserer selbst und unseres Verhaltens zeigt nämlich, daß sich Menschen innerhalb und außerhalb komplexer Organisationen relativ geistkonform verhalten und selbststeuernde Netzwerke bilden – daß es also Bereiche gibt, in denen wir uns als selbstorganisierende Wesen (wieder)erkennen können. (Auch das ist Selbsterfahrung.)

Daß sich Menschen auch innerhalb komplexer Organisationen geistkonform verhalten können, sieht man am besten an *informellen Systemen*. Informelle Systeme sind für das Funktionieren komplexer Organisationen lebenswichtig: Wenn ausschließlich nach Plan gearbeitet würde, brächen die meisten Systeme zusammen. Den Beweis bietet ein nicht mehr ganz aktuelles Mittel in Arbeitskämpfen: Bummelstreiks, die eine Behörde zum Erliegen bringen können und nur deswegen quasi-legal sind, weil sich die Mitarbeiter dann streng an Vorschriften halten.

Informelle Systeme sind das eigentlich lebendige Zentrum jeder formalen Organisation und demonstrieren die Richtigkeit der zitierten Charakteristik kognitiver Systeme. In informellen Systemen werden Informationen parallel verarbeitet (es gibt informelle Netze und ›Seilschaften‹), informelle Systeme produzieren gleichzeitig Ergebnisse an vielen Stellen (wie man am besten an Gerüchten sehen kann, die plötzlich da sind), ihre Struktur ist nicht fest vorgegeben (sie organisieren sich selbst) und nicht von ihrer Geschichte zu trennen (die eine Geschichte persönlicher Beziehungen ist). Informelle Systeme sind ganzheitlich, die unterschiedlichen Gruppierungen beeinflussen sich gegenseitig, sie erstrecken sich über die komplexesten Organisationen und bilden eine globale Ordnung. Und sie werden, bei aller Komplexität, nicht zentral gesteuert.

Mithin: Alle informellen Systeme sind leistungsfähig und funktionsnotwendig, aber wenig beachtet. Die unvermeidliche tägliche Selbstorganisation fristet eine Art Aschenbrödel-Dasein: Nützlich, aber nicht akzeptiert, dienstbar, aber nicht honoriert.

Informelle Systeme enthalten insofern den Kern eines anderen Organisationsmusters, aber sie sind kein Vorbild, an dem man sich orientieren könnte, weil sie immer Reaktionsbildungen, d. h. von formellen Systemen abhängig sind. Es gibt jedoch (mindestens) noch zwei weitere Bereiche, in denen man netzwerkartige, selbstorganisierende Prozesse studieren kann, um sich weitere Beispiele und Orientierungen zu verschaffen: Im Verhalten kleiner Kinder und im Privatbereich.

Kleine Kinder organisieren sich ihre wesentlichen Lern- und Entwicklungsprozesse selbst und zwar dann, wenn die Zeit dafür gekommen ist. Beispiele sind laufen oder sprechen lernen, nach Bedeutungen fragen (lernen) oder die Auseinandersetzungen um Positionen und Ränge (Wer darf bestimmen?), und die unvermeidlichen Konflikte um Abgrenzung und Einfluß, um Selbst und Selbstwert.

Etwas ähnliches gilt für den gesamten Privatbereich der Menschen: Es gibt keine Vorgesetzten, die sagen, ob und wen man heiraten soll, wie man seine Beziehungen organisiert und die Kinder erzieht, ob man ein Haus baut und wie man es finanziert. Es gibt keinen Vorgesetzten, der einem sagt, ob und welchen PC man sich kaufen und wie intensiv man damit arbeiten soll, ob und worin man sich fortbildet, welche Hobbies man hat und zu welchem Können und welchen Meisterschaften man es bringen soll – und so weiter. Menschen, die sich in hierarchischen Organisationen abhängig verhalten bzw. abhängig gehalten werden, verhalten sich in ihrem Privatbereich genau umgekehrt und machen all das, was sie in Arbeitsprozessen angeblich nicht können bzw. nicht tun: Sich selbständig verhalten.

Daß wir uns de facto netzwerkartig und geistkonform verhalten (können), verleiht dem Argument für Netzwerke seine eigentliche Brillianz: Die Netzwerkorganisation ist nicht nur plausibel, sondern *vertraut*, und jeder kann die Muster via Selbstbeobachtung in sich und seinen Interaktionen entdecken.

Aber offensichtlich gibt es auch starke Tendenzen gegen Selbstorganisationsmuster, und um geistkonforme Organisationsprozesse entwickeln zu können, müssen erst ein paar fest verwurzelte Bilder und Vorstellungen, »die Organisation« betreffend, zunächst distanziert und später überwunden werden. Als nächstes müssen wir fragen, was »Organisation« »ist« bzw. woraus Organisationsprozesse »bestehen«.

6. Was meinen Sie eigentlich, wenn Sie »Organisation« sagen?

Oder: Der »Stoff«, aus dem Organisationen »sind«.

»Organisationen bestehen nur in den Köpfen; man muß die Leute in den Köpfen ändern, wenn man etwas verändern will.«

Ein Projektleiter

Wenn man fragen würde: »Gibt es Organisation?« würde die spontane Antwort der meisten Menschen wohl lauten: »Ja« – und sie wäre falsch. Wir tun so, als sei Organisation bzw. »die Organisation« etwas Quasi-Dingliches, das uns gegenüberstünde und in die man hinein- und hinausgehen könne wie in ein Gebäude. Diese verdinglichte Vorstellung von »Organisation« wird – leider – von der Wissenschaft gestützt: Auch die Organisationswissenschaften reden verdinglicht von »der Organisation«, verstärken die naive Sicht und übertreffen sich in Anweisungen, wie die scheinbar dinglich-harte Organisationswelt »behandelt« werden muß, wenn man erfolgreich sein will.

6.1 Was »ist« Organisation?

Der zitierte Projektleiter hat die Richtung gewiesen: Auf Organisation kann man nicht deuten, Organisation kann man nicht anfassen. Organisation ist etwas Abstraktes und kann am besten als ein *Ordnungsprinzip* bestimmt werden, als die Ordnung von Beziehungen zwischen Teilen. In diesem Sinne sind Organisation und Ordnung fast synonyme Begriffe. Aber da es diese Ordnung – siehe das Zitat – nur in den Köpfen gibt, müßten wir präziser von Ordnungs*vorstellungen* sprechen. Aber auch diese Bestimmung ist noch nicht exakt genug. Organisation »besteht« – in Anwendung der Definition von Geist – nicht nur aus gedanklichen Vorstellungen. Menschen verbinden mit allen Organisationsmustern Gefühle und müssen sich entsprechend verhalten. Wie oft (Erinnern Sie sich?) hätten Sie gern die Zusammenarbeit mit Herrn X oder Frau Y anders organisiert – wenn ... Wenn Sie sich getraut hätten, wenn Sie nicht Angst gehabt hätten, wenn ... Das trifft für alle Menschen zu (auch wenn sie es nicht immer so klar bewußt erleben) und deshalb müssen wir Verhaltensweisen und Gefühle in die Definition von Organisation(sprozessen) einbeziehen.

Organisation bezieht sich und »besteht« demnach aus geistigen Prozessen, aus Ideen, Gefühlen und Verhaltensmustern. Und weil Organisationen im Prinzip reibungslos laufen, ist evident, daß Menschen *zueinander passende* Ideen, Gefühle und Verhaltensmuster hervorbringen (und sich dabei wechselseitig bestätigen). Organisation hat folglich eine ähnliche Qualität wie andere geistige Erzeugnisse, wie Finanz- und Marketingpläne, Systemanalysen und Programme zu Führungskräfteentwicklungs- oder Produktideen. Im Unterschied zu Produktideen, Programmen und Plänen wird Organisation aber nicht von Spezialisten hervorgebracht, sondern von *allen Mitarbeitern,* nicht als Aufgabe, sondern als unbewußtes »Beiwerk«, nicht mit Fachwissen, sondern aus einem diffusen »Hintergrund« heraus und nicht einmalig, sondern permanent.

Jeder Mitarbeiter eines Unternehmens, einer Behörde oder irgendeiner anderen Arbeitsorganisation hat immer zweierlei »im Kopf«:

- Ein generelles Bild der gesamten Organisation und
- ein sehr differenziertes Bild von den Arbeitsprozessen, an denen er unmittelbar mitwirkt.

Diese Bilder sind nicht stabil, sondern verändern sich: Es kommt Neues hinzu, das diskutiert und mit anderen abgestimmt werden muß und entweder handlungsrelevant wird oder nicht.

Wie solche Veränderungen passieren und neue Organisationsmuster hervorgebracht werden, läßt sich sehr schön am Beispiel »Projektmanagement« verifizieren. Das Konzept »Projektmanagement« wurde Ende der 50er Jahre im militärischen Bereich entwickelt (für den Bau von Atom-U-Booten), aber erst Mitte/Ende der 80er Jahre in der (deutschen) Industrie als Ergänzung oder Erweiterung der Hierarchie und für die Bearbeitung sehr komplexer Aufgaben eingeführt. Erst war die Idee nur wenigen bekannt, dann wurde sie popularisiert – bis plötzlich »alle Welt« von Projektmanagement redete und so tat, als ob es Projektmanagement »wirklich« gäbe. – Was passierte da?

Es gab, erstens, ein neues gedankliches Konstrukt »Projektmanagement«, das, zweitens, unterschiedliche Gefühle auslöste: Die einen »sprangen an« und begrüßten das neue Modell, während andere eher mit Ängsten und Verunsicherungen reagierten und versuchten, »die Linie zu retten«. Und schließlich mußte das neue Modell in Verhaltensmuster übersetzt und ausprobiert werden, um als machbar anerkannt zu werden. Und weil es neu und vielleicht auch schick war, wurde »Projektmanagement« zu einer Mode – und »Projekt« zu einem inflationären Begriff.

6.2 Organisation »ist« Organisation von Beziehungen

Wenn man noch einmal naiv fragen würde, was organisiert wird, würde die übergroße Mehrzahl aller Menschen antworten: Arbeitsprozesse. Und auch diese Antwort wäre nur zum Teil richtig. Es geht, genau genommen, nicht um Arbeitsprozesse, sondern um die *Vorstellungen* der Menschen von Arbeitsprozessen – und insofern **immer** um die *Beziehungen der Menschen*. Geradezu lehrbuchhaft hat dies einmal ein Abteilungsleiter ausgedrückt, der eine geschlagene Stunde über ein neu eingeführtes Projektmanagement-System referierte, um dann zu sagen: *Die Methoden nutzen nicht so viel; wichtiger ist, daß die Menschen miteinander können.* – Was »sagt« dieser Satz am Ende der Präsentation? Darin liegt, erstens, eine Entwertung: Die sorgfältig erarbeiteten Methoden werden mit einem Satz relativiert. Insofern sagt der Satz, zweitens: Wir glauben nicht an unser System ... Drittens aber verrät er – und das ist der für mich aufregendste Inhalt – ein latentes Wissen über das eigentliche Organisationsproblem.

Arbeitsprozesse haben zwar eine mehr oder minder eindeutige Eigenlogik, aber fast alle Arbeiten kann man auf verschiedene Weisen erledigen, auf mehr oder weniger umständliche, effektive, teure, gesundheitsschädliche, einfache oder komplizierte Weise. Da nun fast jedes Individuum andere Vorstellungen vom »besten Weg« hat, birgt die Frage, *wie* man zusammenarbeitet und eine Arbeit erledigt, ein latentes Konfliktpotential zwischen Menschen, das entschärft werden muß.

Das soll eine der wesentlichen Funktion der Hierarchie sein. Hier werden potentielle Konflikte zwischen Menschen – der Absicht nach: für immer und ewig – durch eine generalisierte Rangordnung, die Befehl-Gehorsam-Kette und die Stellenbeschreibung geregelt. Was ein Mitarbeiter zu tun und zu lassen hatte, gilt damit als definiert.

Diese Überlegungen kann man etwas ausweiten: Die formale Organisation und informelle Beziehungen, Arbeitsmethoden und -techniken und natürlich Führungs- und Kommunikationsmuster sind, aus dieser Perspektive gesehen, allesamt Hilfsmittel, um die Beziehungen zwischen Menschen so zu organisieren, daß sie möglichst effektiv zusammenarbeiten können. Und ihr gemeinsamer Kern ist Macht.

6.3 Macht ist das Bauprinzip »der Hierarchie«

Angesichts extrem wachsender intellektueller Leistungen und im scharfen Gegenlicht der Alternative geistkonformer Organisationsprozesse sieht man überdeutlich (was jeder sowieso weiß), daß Macht das Bauprinzip und Zentrum jeder Hierarchie ist. – Was aber »ist« Macht?

Macht ist ein Wort, ein Reizwort. Macht ist einer der am meisten mystifizierten und emotionalisierten Begriffe, was die erkennende und verändernde Auseinandersetzung mit Organisationsprozessen außerordentlich erschwert. – Ich betrachte Macht ausschließlich unter funktionalen Aspekten: Macht ist weder »gut« noch »böse«, sondern eine Form, soziale Prozesse zu organisieren. Macht läßt sich als logisch und strukturell einfaches Ordnungs- bzw. Organisationsprinzip betrachten, als *eine* Art und Weise, Beziehungen und Prozesse zwischen Menschen zu ordnen (zu organisieren) und Entscheidungsprozesse durch hierarchische Staffelungen zu vereinfachen.

Macht, so die klassische Definition Max Webers, heißt »... jede Chance, innerhalb einer sozialen Beziehung den eigenen Willen auch gegen Widerstand durchzusetzen, gleichviel, worauf diese Chance beruht.«[23] Die Chance wird in hierarchi-

---

23 Max Weber, Wirtschaft und Gesellschaft, Bd.1, Tübingen 1964, S. 38

schen Organisationen generalisiert und verbindlich geordnet derart, daß der Ranghöhere dem Rangniedrigeren befehlen kann und der Rangniedrigere zu gehorchen hat. Oder, wie man informell sagt: Ober sticht Unter.

Macht ist, wie Organisation, ein geistiger Prozeß und »besteht« aus *Ideen* (Menschen glauben, daß es immer einen geben müsse, der entscheidet und daß man einem Vorgesetzten gegenüber loyal sein müsse), aus *Gefühlen* wie Abhängigkeiten (warten, was der Vorgesetzte sagt oder sich seiner Meinung anschließen...) oder Ängsten (etwas falsch zu machen vor allem), und wir *verhalten* uns entsprechend: Machtprozesse spielen auf den Dimensionen Dominanz/Abhängigkeit und Rivalität/Kampf. – Diese Prozesse bzw. Muster sind Ihnen bekannt und Sie können sie beobachten und beschreiben. Das erklärt aber noch nicht die Stabilität und Selbst-Verständlichkeit von Machtprozessen. Die Hierarchie hätte nie das in allen Kulturkreisen und allen Institutionen dominierende Organisationsmuster werden können, wenn es nicht eine stabile soziale Grundlage hätte. Warum also ist die Hierarchie so universal und so lange so unhinterfragt gültig, und warum funktionieren Machtprozesse so selbstverständlich sicher?

6.4 Macht »ist« verinnerlicht ...

Macht wird normalerweise äußeren Faktoren zugeschrieben: Starken Männern, unveränderbar scheinenden Traditionen oder einfach der Übermacht der vielen anderen, gegen die man nichts machen kann. Macht wird gedanklich nach außen verlagert und so beschrieben, als hätte der einzelne nichts damit zu tun, als seien er oder sie Opfer von Stärkeren. Diese Sichtweise ist vielleicht bequem (?), sicher aber falsch. Macht ist von jedem Individuum *verinnerlicht und insofern »Teil«*

der Person. Die komplementären Dominanz- und Abhängigkeitsmuster werden in den langen Sozialisationsprozessen der Kindheit gelernt und verinnerlicht und sind – buchstäblich! – »Teil« von Ihnen und mir. Deshalb passen die Muster zusammen, und deshalb kann jedes Individuum prinzipiell beide Rollen spielen und sich mächtig *und* abhängig verhalten (»Radfahrer«-Syndrom).[24]

Die Institutionalisierung einer Hierarchie ist also »nichts« anderes als die äußerliche Festschreibung der verinnerlichten Muster. Daraus resultiert ein Zirkel, in dem sich die verinnerlichten und veräußerlichten Muster wechselseitig bestätigen und verstärken. Das begründet ihre Reichweite: Unternehmen oder Verwaltungen, Krankenhäuser oder Forschungseinrichtungen, Vereine oder Verbände sind alle nach den gleichen Machtmustern aufgebaut und funktionieren so reibungslos, weil die Muster verinnerlicht sind. Und die Verinnerlichungen könnten nicht so undistanziert-stabil bleiben, wenn sie nicht dauernd »von außen« bestätigt würden. Institutionalisierung und Verinnerlichung bestätigen und verstärken sich zirkulär und sind in diesem Sinne selbstverständlich:

> Jedem
> Selbst
> zutiefst
> verständlich.

Die verinnerlichten Dominanz- und Abhängigkeitsmuster reichen so weit bzw. sind so universal »verwendbar«, weil sie Meta-Muster und *inhaltlich leer* sind. Dominanz- und Abhängigkeitsmuster definieren nicht eine konkrete Beziehung oder einen konkreten Prozeß zwischen Menschen, sondern tendenziell alle, und sie können mit jedem inhaltlichen Problem ver-

---

24 Siehe dazu auch meinen Aufsatz »Schwierigkeiten mit der Autorität«, in: Gruppendynamik, 21. Jahrg. (1990), S. 373-392

bunden werden: Sie organisieren Beziehungen und Prozesse zwischen Menschen am Arbeitsplatz und in der Familie, im Sport oder der diffusen Situation einer Keipe, beim Gerangel um den besten Platz beim Einsteigen oder auf einer Party. Dominanz- und Abhängigkeitsmuster wirken quer durch alle gesellschaftlichen Bereiche bzw. quer durch alle Kulturen und haben immer die gleiche Funktion: Sie ordnen Beziehungen und Prozesse zwischen Menschen auf einer Oben-unten-Skala.

Die verinnerlichten Autoritäts- und Machtmuster sind die emotionale Basis der hierarchischen Organisation – und werden durch eben diese Organisation bestätigt und quasi unangreifbar gemacht. Dieser Zirkel ist nicht leicht zu knakken. Latent »weiß« jeder um die Bedeutung von Beziehungen und um die Zwänge der verinnerlichten Machtmuster, aber dieses Wissen ist höchstens halb bewußt (wie der zitierte Satz des Abteilungsleiters zeigt). Noch ist es tabuiert und noch gilt, daß »... in unseren Gesellschaften das Tabu Macht noch schwerer zu brechen (ist) als das der Sexualität.«[25]

Das Machttabu wurde durch die Methoden- und Theorieentwicklungen der letzten zwanzig Jahre unterminiert und es wakkelt wie nie zuvor. Aber es wird nicht von allein fallen. Die Muster sind zu tief verinnerlicht und um sie zu überwinden, muß man etwas tun. Die Erfahrungen und Entwicklungen der letzten zwanzig Jahre lassen den Gedanken zu, daß Macht im Kern ein Gefühlsbindungsprozeß ist, der durch entsprechende Verhaltensmuster und Legitimationen stabilisiert wird. Daraus folgt: Wenn wir Netzwerke selbststeuernder Systeme entwickeln wollen, müssen wir mit unseren Gefühlen und Beziehungen anders umgehen. Wir brauchen ein anderes Grundmuster.

---

25 Michel Crozier/Erhard Friedmann, Macht und Organisation, Königstein 1979, S. 275

7. Prozeßsteuerungen: Beziehungen und Gefühle

Der Übergang von hierarchischen Linienorganisationen zu Netzwerken bedeutet eine fundamentale Veränderung im Umgang mit Beziehungen und Gefühlen. Diese waren bislang tabuiert – und dies stellt, wie zu zeigen sein wird, *eine bestimmte Form von Prozeßsteuerung* dar, die wir mit einer anderen Form vergleichen können, um beider Grenzen und Dynamiken, beider Vor- und Nachteile herausarbeiten zu können.
Beziehungen und Gefühle sind extrem wichtig, zugleich aber ist das Erkenntnisdefizit hier am größten. Das hat Gründe.

7.1 Kurzer Einschub über Erkenntnisprozesse

Die augenblickliche Diskussion ist eine der »kitzligsten« in diesem Buch. Es ist die »Stelle«, an der am offenkundigsten erfahrbar wird, wie Gefühle und kognitive Prozesse zusammenwirken. Das Prinzip Macht mit seinen Voraussetzungen und Wirkungen ist so schwer zu distanzieren und zu erkennen, weil die Mechanismen, erstens, zu nah sind – wortspielerisch gesagt: näher als hautnah – und weil die erkennende Auseinandersetzung, zweitens, auch verunsichert und Angst macht. Am Fall »Macht« kann man die Konsequenzen blockierter Erkenntnisprozesse besonders deutlich sehen: Was einem zu nah ist bzw. was zuviel Angst auslöst, kann man nicht erkennen, und was man nicht erkennt, wirkt als unlösbarer Zwang. Ich nehme an, daß Sie (bzw. viele Menschen) diese Überlegungen mitvollziehen können, weil sie dies alles »wissen«. Erkenntnis(gewinn) besteht folglich darin, Ihr verinnerlichtes »Wissen« in kognitiv-distanziertes Wissen umzuarbeiten. Das ist ein Lern- und Erkenntnisprozeß ganz eigener Art, der starke und ambivalente Gefühle auslöst: Auf der einen Seite vor allem Unsicherheiten und Ängste, auf der anderen Seite aber Hoffnungen und Motivationen, sich mit dem Problem ernsthaft auseinanderzusetzen.

Das könnte sogar jetzt, beim Lesen, der Fall sein (was Sie merken, wenn Sie Ihren Gefühlen nachspüren). In jedem Fall, vermute ich, werden Ihnen noch weitere Distanzierungsanläufe bevorstehen, die immer wieder auf einem neuen Niveau beginnen. In solchen Auseinandersetzungs- gleich Lernprozessen werden sich Ihre Sicht des Machtprinzips und ihrer Rolle in Machtspielen ebenso verändern wie »die Wahrheit« dieser Überlegungen. Erkennen ist ein biographischer und historischer Prozeß, der von jedem Selbst gesteuert wird.

Ich möchte Ihre Aufmerksamkeit jetzt auf drei Problemstellungen lenken, auf die

- Erklärung, warum in der traditionellen Organisationstheorie Beziehungen und Gefühle kein Thema sind,
- die Analyse der realen Wirkungen verdrängter bzw. verwandelter Beziehungen und Gefühle und
- die Konsequenzen für den Übergang in Netzwerke.

7.2 Warum Beziehungen und Gefühle kein Thema waren, jetzt aber eines sind

Beziehungen und Gefühle wurden im Entwicklungsprozeß der modernen Gesellschaften rationalisiert (wie Max Weber gesagt hat) bzw. »hinter die Kulissen verlegt« (wie Norbert Elias gesagt hat).[26] Die Rationalisierung der Gefühle hat die Effektivität der modernen Arbeitsprozesse erst möglich gemacht. In dem Maße, in dem Gefühle und Beziehungen aus Arbeitsprozessen ausgeklammert wurden, konnten diese rationaler organisiert werden. Das Zurückdrängen von Gefühlen und Beziehungen sicherte sachliche, weniger von persönlichen Beziehungen bestimmte Entscheidungen und einen kontinuierlicheren Arbeitsablauf. Die Rationalisierung der Gefühle hatte andererseits eine Schutzfunktion für das Individuum: Es lernte, seinen Intimbereich abzugrenzen und sich als Person zu schützen. (Der Schutz des Individuums und die Rationalisierung von Arbeitsprozessen waren, als Anmerkung und politisch gesprochen, einmal gleichbedeutend mit dem Zurückdrängen der Willkür der absolutistischen Herrscher.)

Diese Strategie hatte unzweifelhaft funktionale Vorteile, ist aber, wie man heute sehen kann, an bestimmte Bedingungen gebunden und, wenn diese nicht mehr gegeben sind, nur noch begrenzt erfolgreich: Arbeitsprozesse bzw. Entscheidungen dürfen nicht komplex sein und die Autoritätsmuster müssen »wasserdicht« verinnerlicht sein. Nicht komplex heißt: Arbeitsprozesse müssen sich tayloristisch zerlegen lassen, so daß die kooperierenden Menschen wenig Kontakt miteinander haben und vor allem: nichts aushandeln müssen. Dazu passen »hart« verinnerlichte Autoritätsmuster.

---

26 Max Weber, Die protestantische Ethik und der Geist des Kapitalismus, München und Hamburg 1965; und Norbert Elias, Über den Prozeß der Zivilisation, Bern und München 1969.

Wenn Menschen aber kooperieren und miteinander handeln müssen, werden ihre Verhaltensmuster und ihre Gefühle wichtig – und die Machthierarchie zu einem Konfliktgenerator. Die Machtmechanismen der Hierarchie funktionieren niemals einseitig »von oben herab«, sondern immer in sehr komplexen *wechselseitigen Abhängigkeiten*, in die auch die Spitze der Hierarchie eingebunden ist.[27] Wechselseitige Abhängigkeiten lösen unterschiedliche Konflikte aus:

- Dominanzansprüche einzelner Mitglieder und, daraus unvermeidlich resultierend,
- Rivalität und Konkurrenz (um bessere Positionen oder um sich durchzusetzen und zu gewinnen), sowie
- Widerstände und Obstruktionsprozesse.

In Hierarchien gibt es zudem fast immer

- Rang- bzw. Etikette-Streitigkeiten und
- Territorialkonflikte (»In meinen Bereich regiert niemand hinein!«).

Diese Konflikte gibt es tagtäglich in hunderterlei Varianten – aber fast allen ist gemeinsam, daß sie nicht offen ausgetragen, sondern *versachlicht* werden. Versachlichen ist der *zentrale Umformungsmechanismus* von Machtkonflikten und bedeutet, daß aus Beziehungskonflikten (scheinbar) »sachliche« Probleme werden: Ängste und Abgrenzungen, Unsicherheiten und Dominanzen, Konkurrenzen und Rivalitäten werden zu Einwänden und Bedenken, zu Vorschlägen und Mitentschei-

---

27 Das gilt auch, wie Norbert Elias gezeigt hat, für den absolutistischsten aller Herrscher, für den »Sonnenkönig« Ludwig XIV. Siehe ders., Die höfische Gesellschaft, Frankfurt 1983, bes. Kap. 6. Eine aktuelle Machtanalyse von solcher Qualität kenne ich nicht; man kann deshalb Elias' Studie als eine Art Wahrnehmungstraining für gegenwärtige Prozesse lesen.

dungsverpflichtungen, während aus territorialen Ansprüchen und Rangstreitigkeiten neue Arbeits- und Organisationsbereiche entstehen.

Versachlichen ist tägliche Erfahrung, und jeder kennt die Tricks und die Folgen: Entscheidungen werden verzögert oder verwässert, man hält sich bedeckt, bis klar ist, was die Entscheider wollen, redet anderen nach dem Mund oder hält extra dagegen, man redet nicht ungefragt, aus Angst, gedeckelt zu werden, man macht anderen kunstvoll etwas vor (Mogelpackungen), und gibt – und akzeptiert! – unklare Aufträge, deren »Ergebnis« nicht ernst genommen oder durch spätere Entscheidungen zunichte gemacht wird (macht also nutzlose Arbeit). Das kann soweit gehen, daß Entscheidungen aus machttaktischen Gründen gegen fachliche Überlegungen getroffen – und anschließend unterlaufen und neu getroffen werden.

Diese und andere Muster (Sie kennen sie alle) kann man »sachlich« begründen. Menschen in komplexeren Arbeitsorganisationen sind Meister im Versachlichen – und Meister im Enttarnen von Versachlichungen. Während nämlich öffentlich versachlicht wird, passiert informell das Gegenteil: Hier werden Versachlichungen rückgängig gemacht, aufgedeckt und, ohne Veränderungsdruck zu erzeugen, besprochen. Informelle Gespräche sind der eigentliche, nicht nur geduldete, sondern geradezu legitimierte Ort, an dem über die Probleme »hinter« den versachlichten Problemen gesprochen werden kann und darf.

Hier wird ein Bauprinzip hierarchischer Linienorganisationen deutlich: Die offizielle Gefühls- und Beziehungsneutralität und die informelle Aufdeckung *gehören zusammen*. Sie begründen ein Doppelspiel, das viel Zeit und Energie kostet (weil sich jeder Konflikt fast beliebig verlängern läßt) und schaffen eine Informationslücke, die sich informell nie schließen läßt: Man kann nie sicher sein, die entscheidenden Motive der anderen entdeckt zu haben. Das wiederum läßt Menschen keine Ruhe und stachelt die Phantasie an.

Auch in informellen Gesprächen kann nicht alles gesagt werden, und was nicht gesagt werden kann, ist Stoff für Phantasien. Phantasien nenne ich in diesem Zusammenhang alle Nach-Denk-Prozesse, die sich auf ein abgelaufenes Geschehen beziehen und in denen nachträglich versucht wird,

- Erklärungen für das Verhalten des/der anderen zu finden,
- Erklärungen und Alternativen für das eigene Verhalten (»Wenn ich doch an dieser Stelle... gemacht hätte!«) und
- Alternativen für das eigene Verhalten in der Zukunft

zu finden. Solche Nach-Denk-Prozesse verlaufen oft nur halbbewußt und manchmal verfolgen sie einen noch im Schlaf.

Betrachtet man die Konsequenzen der Versachlichung im Zusammenhang, entdeckt man einen Zirkel aus

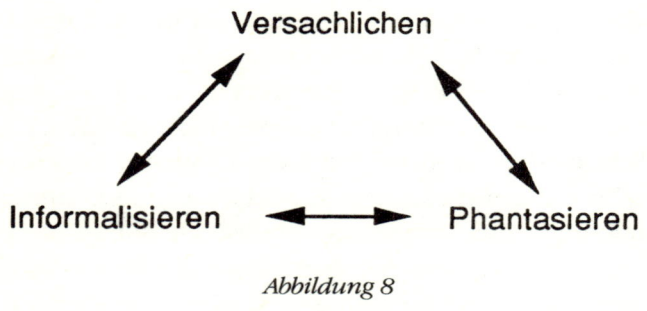

Abbildung 8

der sich gleichsam selbst aufrechterhält und weitertreibt. – Ich halte diesen Zirkel für das *Grundmuster des täglichen Beziehungs-managements«.* Es wird von jedem Mitarbeiter gelebt, aber seine Wirkungen sind fast unbekannt (zumindest werden sie nicht offen diskutiert). Sonst wüßten wir, daß durch dieses Muster Arbeitsprozesse verlängert und sachliche Ergebnisse verschlechtert werden.

Dieser Zirkel ist ein integraler Bestandteil »der Hierarchie« und der Kern des Systems, in dem/mit dem Menschen sich und ihre Prozesse steuern. Leider stellt er eine Art organisatorisches »Schwarzes Loch« dar: Darin verschwinden sehr viel Wissen, sehr viele Motivationen und sehr viele Energien.

7.3 Konsequenzen und Alternative

An dieser Stelle werden ein Zwang, eine Alternative und eine ungeheure Erkenntnis- und Handlungschance erkennbar. Menschen können sich nicht nicht verhalten bzw. nicht nicht fühlen und folglich gibt es nur eine Alternative: Man kann Beziehungen und Gefühle offiziell tabuieren und informell darüber reden – oder man betrachtet sie als integralen »Teil« in Arbeitsprozessen und lernt, sich offen mit ihren Wirkungen auseinanderzusetzen.

Das bedeutet: Man muß Beziehungen und Gefühle zum legitimen Thema machen. Darüber reden... aber verletzt das zentrale Machttabu, das der eigentliche Garant der Hierarchie ist. Hierarchien bestehen deswegen so unangefochten sicher, weil Menschen *nicht* über Machtprozesse reden. Das heißt umgekehrt: Über Machtprozesse zu reden bedeutet, die Hierarchie zu überwinden und Raum für etwas Neues zu schaffen.

Offen über die Steuerungsfunktionen von Beziehungen und Gefühlen zu reden ist demnach ein »Teil« des »Sprungs«. Aber man muß genau darauf achten, mit welchem Ziel und *wie* und *wo* über Beziehungen gesprochen wird. Man braucht ein passendes Verfahren, das als »Schleifenmodell« vorliegt. Ich skizziere den Aufbau.

Wenn Menschen zusammen arbeiten wollen, nehmen sie zuerst Kontakt auf und prüfen, ob ihre Ziele, Absprachen und/oder Interessen übereinstimmen, dann machen sie etwas, und am Ende bestätigen sie sich gegenseitig, daß es nützlich und schön war bzw. sagen nichts, wenn es dies nicht war.

Dieser Logik eines ungestörten Prozesses zwischen Menschen ist das »Schleifenmodell« nachkonstruiert. Sein Vorteil: In dem Modell werden die Schritte, die Menschen in der Regel nicht bewußt machen, bewußt gemacht und formalisiert. Die Anfangssituation (Kontakt aufnehmen) wird zur ersten Phase, *(Neu-)Orientierung* (bzw. »Einschwingen«) genannt, das Arbeiten wird zur zweiten Phase, *Tun* genannt, und das »Ausklingen« zur dritten Phase, *Rückkoppeln* genannt. Dieser Ablauf läßt sich schematisch und symbolisch so darstellen:

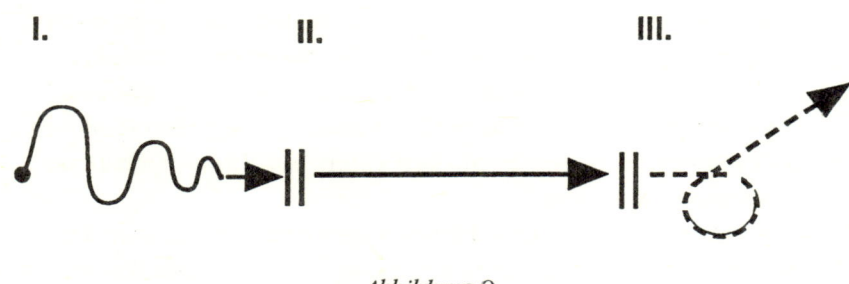

Abbildung 9

Für jede Phase gibt es einige Schlüsselfragen, die sich Menschen stellen können (und sollten), wenn sie ihre Lebens- und Arbeitsprozesse bewußter steuern (lernen) wollen. In der ersten Phase besteht das vordringliche Problem darin,

- den Gesamtauftrag bzw. den momentanen Stand eines Arbeitsprozesses klar zu machen und
- die Arbeitsfähigkeit einer Gruppe/eines Systems zu sichern.

Dazu muß ausgetauscht werden:

- Was ist in der Zwischenzeit passiert bzw. wo stehe ich, wo stehen wir?
- Was will ich/was wollen wir?
- Was ist der nächste Schritt?

In der zweiten Phase geht es darum, einen möglichst optimalen Arbeitsprozeß zu organisieren. (Dazu mehr in Kapitel 9.) In der dritten – und vielleicht wichtigsten – Phase wird die eigentliche Steuerungs- und Effektivitätsfrage gestellt:

Wie haben wir gearbeitet?

Die Rückkopplung ist also keine Fortsetzung der Arbeit mit anderen Mitteln. Hier wird vielmehr geprüft, ob die Logik der kognitiven Prozesse und der Gefühls- und Verhaltensprozesse übereinstimmte – oder ob es Störungen, Irritationen oder andere Blockaden gab, die es gilt, nachträglich transparent zu machen, um daraus zu lernen.

Der Sinn des Modells besteht also darin, transparente Startsituationen zu schaffen und nach Abschluß eines Arbeitsprozesses zu klären, was passiert ist und welche Folgen dies hat bzw. haben könnte. Selbstgesteuerte Arbeitsprozesse lassen sich folglich als eine Kette von Schleifen darstellen:[28]

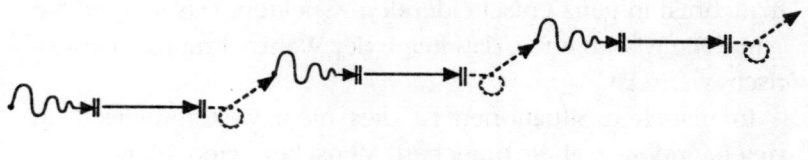

Abbildung 10

Selbststeuernde Systeme müssen, so lautet die Hypothese, im Prinzip *nach diesem Muster vorgehen, um sich ihre eigenen*

---

[28] Man kann die Beschreibung dieses Modelles erst wirklich verstehen, wenn man Erfahrungen damit hat. Sonst bleibt sie ziemlich abstrakt. Meine ersten Erfahrungen sind in dem Aufsatz »Selbststeuernde Gruppen«, in: Zeitschrift für Organisationsentwicklung, 8. Jahrg. (1989), H. 3, S. 21-32, beschrieben.

Arbeitsprozesse transparent zu machen. In diesem Sinne ist das Schleifenmodell ein Selbststeuerungs- und Prozeßoptimierungsmodell, dessen Leistung nicht von einem Schema abhängt, sondern davon, was Menschen daraus machen.

7.4 Geistkonformität und Potentiale

Dieses Modell, so einfach es ist, ist geistkonform. Wieso? Situationen und Prozesse zwischen Menschen werden prinzipiell von allen an einem Prozeß Beteiligten gestaltet, auch wenn einige scheinbar nichts tun: »Nichtstun« ist eine aktive (!) Handlung insoweit, als sie anderen Raum gibt und andere nicht bremst oder korrigiert. Analog dazu haben alle Beteiligten Wahrnehmungen von einer Situation bzw. ihren Prozessen, die sich bekanntlich unterscheiden: Jede(r) Beteiligte nimmt eine Situation anders wahr, manchmal nur um Nuancen, manchmal in ganz entscheidenden Aspekten. Das kennen Sie – und Sie wissen auch, daß keine der Wahrnehmungen apriorisch »wahr« ist.

In manchen Situationen ist dies nicht weiter tragisch, in vielen anderen aber brauchen Menschen eine einheitliche Beschreibung der Situation, weil sie zusammen handeln wollen oder müssen. Dann stellen die unterschiedlichen Wahrnehmungen eine potentielle Konfliktquelle dar. Das bislang verbreiteteste und insofern »normale« Muster, Wahrnehmungen und Handlungen zu vereinheitlichen, bestand darin, daß einer entschied. Das ist aus mehreren Gründen nicht geistkonform.

Wenn einer entscheidet, werden Unterschiede zwischen Menschen für nichtexistent erklärt und dadurch die Komplexität der Situation scheinbar verringert. Auf der Ebene der Beziehungen bedeutet dies, daß die Mehrzahl ins Unrecht gesetzt und in diesem Sinne unterdrückt wird. Damit werden neue

Konflikte erzeugt. Menschen lassen sich nicht gerne ins Unrecht setzen und halten deshalb ihre Sicht der Dinge (stumm) aufrecht, woraus Mißverständnisse und potentielle Abweichungen in nachfolgenden Handlungen resultieren.

Das Schleifenmodell hingegen macht die Unterschiede zwischen Menschen anschaulich und handhabbar.

Wenn in der »Schleife« gefragt wird: »Was ist geschehen bzw. was hat es ausgelöst?« dann können, so ist die Spielregel, alle Beteiligten ihre Sicht darstellen. Dabei werden die unterschiedlichen Wahrnehmungen und die Unterschiede in den *Bedeutungen der Wahrnehmungen* deutlich. Das Bild einer Situation wird transparent und die Mischung der unterschiedlichen Facetten schafft ein differenziertes Gesamtbild, das (fast immer) *neue* Informationen enthält. Es enthält zudem Konsens- und Dissensbereiche und ist insofern realistisch.

Dies sind inhaltliche Aspekte. Etwas Analoges passiert auf der Ebene von Beziehungen und Gefühlen.

Wenn alle am Austausch beteiligt sind und keiner übergangen wird, fühlt sich jeder akzeptiert und tendenziell niemand wird unterdrückt. Dieses Grundgefühl trägt Menschen über schwierigere Situationen und Konflikte, verstärkt ihr Selbstvertrauen und zahlt sich im Handeln aus: Wenn alle einen Anteil am entstehenden gemeinsamen Bild haben, kann sich jeder (mehr oder weniger) damit identifizieren, die potentiellen Mißverständnisse werden geringer und alle können im Sinne der gemeinsamen Überlegungen handeln.

Dieses Verfahren ist – formal betrachtet – meines Wissens das einzige, das die Unterschiede zwischen Menschen nicht unterdrückt oder wegrationalisiert, sondern produktiv macht. Deshalb nenne ich es geistkonform.

Und darin liegt seine Überlegenheit über Machtprozesse.

Das Schleifenmodell bietet die Chance, Macht- und andere Konflikte nicht länger gegen besseres Wissen zu versachlichen und so zu tun als ob, sondern angemessen zu bereden (und weitgehend zu klären). Man kann Konkurrenz- und Rivalitätsmuster besprechen und in komplexere Denk- und Verhaltensmuster gleichsam einbinden, um so die Störungen und Blockaden in Arbeitsprozessen zu vermindern und die motivierenden »Anteile« von Konkurrenz und Rivalität zu »retten«. Das wäre ein realistisches Ziel.

Dazu bedarf es einer angemessenen Sprache. Man kann über menschliche Beziehungen und Prozesse normativ-dogmatisch oder empirisch-beschreibend reden. Im Machtkontext denken Menschen (in bezug auf soziales Verhalten) *normativ*, d. h. in Formeln wie: »Das ist richtig, das ist falsch ... «, »Du sollst ... «, »Du mußt ... «, »Das macht man so ... «, »Das war schon immer so ...« Damit *legitimieren* sie eingelebte Muster. Aber um verstehen zu können, muß man empirisch-beschreibend über Gefühle und Beziehungen, Verhaltensmuster und Prozesse sprechen. Man muß fragen: Wie organisieren wir uns? Welche Vorteile hat dieses Muster? Wie kommt das an? Wie können wir uns besser verhalten?

Nun kann man empirische Antworten in vielen Sprachen geben. Da wir »Geist« beschreiben und Geist das komplexeste System darstellt, müssen wir ein dieser Komplexität angemessenes nicht-normatives Begriffssystem verwenden. Das ist, dank des Rückkopplungsprinzips, das Vokabular der Systemtheorie. Es ist insofern ein Muß.[29]

Die Art und Weise, wie Menschen über sich nachdenken und sprechen, steht in sehr engem Verhältnis zu ihrem Selbst. Wenn Menschen normativ über sich nachdenken und sprechen (»Du sollst ...«, »Man macht ... «) machen sie sich von ihnen äußerlichen Normen abhängig. Wenn sie empirisch über sich nachdenken und sprechen (»Was ist?«), werden sie zwangsläufig autonomer, weil sie sich auf ihre eigene Wahr-

---

29 Siehe dazu meinen Aufsatz »Systemisch denken lernen ...«, in: Zeitschrift für Organisationsentwicklung, 8. Jahrg. (1989), H. 4, S. 1-16

nehmung verlassen (müssen). Empirisch über sich und seine Beziehungen nachdenken und abhängig bleiben schließen sich aus. – Man sieht auch hier wieder: Denkmuster, Verhaltensmuster und Gefühle sind voneinander abhängig, so daß wir das »Raumsymbol« für Netzwerke so schreiben können:

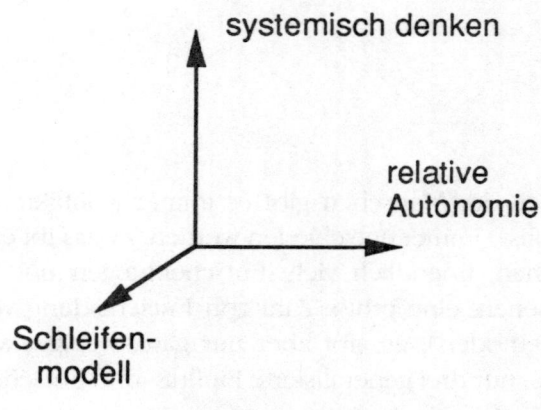

Abbildung 11

Das Schleifenmodell bezieht sich auf diesen »Raum« und macht die Prozesse transparent, die sich »darin« abspielen. Es macht die Zusammenhänge zwischen den drei Dimensionen des geistigen »Raums« erfahrbar und zeigt, wie sie bewußt verändert werden können.

Auch wenn man sich in diesem geistigen »Raum« bewegt, muß man entscheiden. Was immer wir geistig hervorbringen – es ist »mehr« als wir tatsächlich tun können und wir müssen uns entscheiden. Entscheidungen verbindlich zu organisieren ist eine Funktion von Hierarchien. Wie aber wird in Netzwerken entschieden? Unterscheiden sich die Muster? Und sind Hierarchie und Netzwerk die beiden einzigen oder gibt es noch weitere? Diese Fragen werden im folgenden Kapitel diskutiert.

8. Drei Einfluß- und Entscheidungsmuster

In der Welt der Menschen gibt es immer Konflikte, und sie müssen (fast) immer entschieden werden. Zwar gibt es, inhaltlich gesehen, unendlich viele Entscheidungen und, methodisch gesehen, eine große Zahl von Entscheidungsverfahren (oder -methoden), es gibt aber nur ganz wenige, wenn ich recht sehe: nur drei generalisierte Einfluß- und Entscheidungs*muster*. Wie sie aufgebaut sind und wie sie sich zueinander verhalten, ist das Thema dieses Kapitels.

8.1 Drei Muster

Das Einfluß- und Entscheidungsmuster, auf dem die hierarchische Organisation aufbaut, heißt *Macht*. Ein zweites, unabhängiges Prinzip ist *fachliche Kompetenz*.[30] Diese beiden Muster liegen, wie jeder Mitarbeiter einer komplexen Arbeitsorganisation weiß, öfter im Konflikt.

---

30 Kompetenz ist ein mehrdeutiges Wort: Es meint auch den Aufgaben- oder Entscheidungsbereich, für den jemand qua Amt zuständig ist. Wenn ich im folgenden von Kompetenz spreche, meine ich ausschließlich fachliche Kompetenz.

Von diesen beiden (bekannten) Mustern unterscheidet sich ein drittes, das der Netzwerkstruktur immanent ist und *Selbststeuerung* genannt werden soll.

Die drei Einfluß- und Entscheidungsmuster »Macht«, »fachliche Kompetenz« und »Selbststeuerung« sind geistige Prozesse, die sich als »Theorie« (gedanklich-ideelle Struktur), »Gefühle« und »Verhaltensmuster« beschreiben lassen. Ihre unterschiedlichen Charakteristiken sind in dem Schema auf der folgenden Seite zusammengefaßt.

Diese drei Einfluß- und Entscheidungsmuster haben unterschiedliche Bezugspunkte: Fachliche Kompetenz bezieht sich auf natürliche oder technische, in jedem Fall nicht-menschliche Prozesse, während Macht und Selbststeuerung zwei alternative Modelle der Organisation menschlicher Beziehungen und Prozesse sind. Wissenschaftlich-technisch-industriell geprägte Gesellschaften lassen sich als soziotechnische Systeme begreifen. Insofern gibt es *permanent* und *überall* Schnittstellen zwischen menschlichen und nicht-menschlich determinierten Prozessen. Sie sind der eigentliche Kern des Entscheidungsproblems, weil hier unterschiedliche Logiken aufeinandertreffen und entweder Reibungsverluste erzeugen oder Kreativität.

8.2 Entscheidungsprozesse in unterschiedlichen Kontexten

Das Muster »fachliche Kompetenz« ist von naturwissenschaftlich-technischem Wissen abhängig bzw. dieser Art des Wissens immanent. Naturwissenschaftliches Wissen ist personenunabhängig (d.h. für jedermann gültig und von jedermann nachprüfbar), wird in widerspruchsfreien Theorien formuliert und kann systematisch-methodisch überprüft und angewendet werden.

Abbildung 12:

Organistionsform	Macht	fachliche Kompetenz	Selbststeuerung
Kognitionen:	Normative Theorien: Legitimation sozialer Strukturen und Prozesse	Widerspruchsfreie und empirisch überprüfbare Theorien und Methoden	Theorie des menschlichen Geistes; in Selbstbeobachtung verifizierbar
Gefühle:	verinnerlichte, undistanzierte Abhängigkeiten und Ängste	relative emotionale Distanz zum Problem	distanzierte Abhängigkeiten (relative Autonomie)
Verhaltensmuster:	Dominanz/Rivalität/ Abhängigkeit/Kampf Gewalt/Unterwerfung	passende Verhaltensmuster; habitualisiert oder verinnerlicht	Lernen, Kooperation mehrfache Beschreibung
passende Organisationsform:	Institutionalisierte Hierarchie	keine eigene Form	sich verändernden Bedingungen anpassende Netzwerke selbststeuernde Gruppen; Entwicklung neuer Muster

Einfluß- und Entscheidungsmuster

Die Arbeit mit naturwissenschaftlich-technischem Wissen verlangt eine emotional distanzierte Haltung. Diese und die dazu passenden Verhaltensmuster (analysieren, experimentieren, vergleichen, auswerten, etc.) haben Wissenschaftler und Techniker gelernt und verinnerlicht. Demzufolge nennen wir jemanden *fachlich kompetent*, wenn er/sie den Wissensstand eines Fachgebietes beherrscht und damit neue Problemstellungen bearbeiten und neu auftretende Fragen nach theoretischen und methodischen Kriterien entscheiden kann.

Die Naturwissenschaften haben fachliche Entscheidungskriterien und eine wissenschaftliche Einstellung – mit emotionaler Distanz Probleme bearbeiten – entwickelt, aber keine eigene Forschungs- und Entwicklungs*organisation*. Wer eine wissenschaftliche oder technische Ausbildung absolviert bzw. in diesem Bereich gearbeitet hat, weiß, daß laufende Entscheidungen nicht nur den Kriterien fachlicher Kompetenz folgen: Immer und überall spielen Machtaspekte mit, weil tendenziell alle Forschungs- und Entwicklungsorganisationen dem Prinzip Macht gemäß aufgebaut sind.

Macht organisiert Beziehungen – und damit Entscheidungsprozesse. Im Unterschied zum Kontext fachlicher Kompetenz wird in Machtsystemen nach hierarchischem Rang entschieden. Dies setzt voraus, daß Wissen bzw. »Wahrheit« an einen Rang gekoppelt wird, was wiederum nur im Kontext normativen, nicht aber im Kontext empirischen Wissens möglich ist.

Das »klassische« Entscheidungsmuster in Machtsystemen heißt deshalb Befehl-Gehorsam. Es hat über Jahrtausende funktioniert, aber die Basissicherheiten für dieses Muster sind dahin und, in westlichen Gesellschaften, weitgehend durch quasi-demokratische Abstimmungsmuster ersetzt.

Im Kontext »Selbststeuerung« werden Entscheidungsprozesse wieder anders organisiert, und wieder spielt der Umgang mit Wissen die entscheidende Rolle. Während Entscheidungen im Kontext fachlicher Kompetenz an wissen-

schaftlich-technisches Wissen und im Machtkontext an hierarchisiertes Herrschaftswissen gebunden werden, werden Entscheidungen im Kontext Selbststeuerung an
– mehrfache Beschreibung, Vergleich und Identifikation gebunden. Das setzt voraus, daß Menschen sich (relativ) autonom verhalten können.

Das Ausgangsproblem, noch einmal, sind die allfälligen Konflikte zwischen Menschen, die aus der bekannten Tatsache entstehen, daß jedes Individuum sein und nur sein Bild von sich und der Welt hat, das sich von allen anderen unterscheidet. Mit diesen Unterschieden müssen Menschen irgendwie klarkommen, wenn sie Verbindlichkeiten schaffen und gemeinsam handeln wollen. Die Entscheidung des Mächtigsten ist das einfachste Verfahren, der demokratische Abstimmungsmodus (Mehrheit) etwas komplizierter (und zeitaufwendiger) und die Entscheidung per fachlicher Kompetenz oft unmöglich bzw. immer auch torpedierbar.

Dann gibt es natürlich noch Konsensentscheidungen, von vielen zum Ideal erhoben, von anderen als Horrorvision abgewehrt. Konsensentscheidungen enthalten einen normativen Anspruch bzw. sind eine Idealisierung und deshalb nur schwer zu verwirklichen.

Und doch liegt das Muster »Selbststeuerung« recht nah an dieser Vorstellung. Im Unterschied zu Konsensentscheidungen, wo Konsens das Ziel ist, wird im Muster »Selbststeuerung« ein Prozeß organisiert, in dem unterschiedliches Wissen und Ideen ausgetauscht werden, um *neue* Informationen und Ideen durch Vergleich »ans Licht« zu bringen. Dieses Vorgehen setzt auf den empirisch verifizierbaren Mechanismus, daß durch Austausch Lösungen entstehen, mit denen sich jeder identifizieren kann, weil sie gemeinsam erarbeitet wurden. – Mehrfacher Vergleich mit Kreation von Neuem und Identifikation mit einer gemeinsamen Lösung kann deshalb als eigener Entscheidungsmodus betrachtet werden, der (formal) gleichrangig neben fachlicher Kompetenz und Befehl-Gehorsam steht.

Die Idee, Menschen könnten so entscheiden, finden viele sicherlich sympathisch – aber die Verlockung wird durch die Horrorvorstellung endloser Debatten gleichsam neutralisiert. Doch auf Übereinstimmung angelegte Debatten werden nur dann endlos und schrecklich frustrierend, wenn Machtkämpfe ausgefochten werden, die niemand unterbricht, wenn Menschen *nicht* aussprechen, was sie sehen und ihr Wissen nicht zur Regelung ihrer Verhältnisse nutzen.

An dieser Stelle kann man einen weiteren Blick auf die Funktionen des »Schleifenmodells« werfen: Wenn »normalerweise« versachlichte Machtkämpfe transparent gemacht und entschärft werden, wird der entscheidende Autonomiegewinn realisiert: Menschen werden leistungsfähiger und kreativer, wenn sie sich von verinnerlichten Abhängigkeitsmechanismen distanzieren, sich an ihrem eigenen Wissen und Können orientieren und sich danach verhalten.

8.3 Die Schnittstellen

Damit komme ich zum letzten und spannendsten Punkt, den *Schnittstellen* zwischen Macht und fachlicher Kompetenz einerseits und fachlicher Kompetenz und Selbststeuerung andererseits. Die Ausgangsthese heißt:

- *»Macht« und »fachliche Kompetenz« sind nicht kompatibel, während »fachliche Kompetenz« und »Selbststeuerung« prinzipiell kompatibel sind.*

Zwischen fachlichen Entscheidungen und Machtentscheidungen gibt es, wie jeder Mitarbeiter in einem Unternehmen weiß, immer Konflikte, und viele »wissen«, daß in diesem Konflikt

Prinzipien auf dem Spiel stehen, legen es aber nicht offen auf den Tisch.

Die daraus resultierenden täglichen Klein- und Grabenkriege sind latentes Wissen: Jeder kennt sie, tendenziell jeder spielt sie mit bzw. hat sich daran angepaßt, weil »man ja doch nichts ändern kann«. Doch jeder weiß, wieviel Motivationen und Kreativität hier verschlissen werden. Deshalb können wir einen Schritt weitergehen und die Analyse bzw. die latenten Erfahrungen zu einer Erkenntnis verdichten: *Die letztlich unlösbaren Konflikte, die aus der Inkompatibilität der beiden Muster entspringen, sind der eigentliche und, wortspielerisch-ironisch gesagt: effektivste Effektivitätsblocker der modernen Organisationen.*

Darüber herrscht, nach meinen Erfahrungen, ein hoher informeller Konsens. Sensibilisiert durch die Lern- und Veränderungsprozesse der letzten zwanzig Jahre wissen die Mitarbeiter, daß Machtspiele auf jeder Ebene die eigentlichen Hemmungen in den täglichen Arbeitsprozessen sind. Und weil diese Barrieren auch in Trainings- und Beratungsprozessen (noch) nicht offen angesprochen, sondern eher informell zum Thema gemacht werden, wissen sie auch, daß *die bisherigen Methoden und Techniken nicht an die relevantesten Ursachen von erlebter Ineffektivität und Demotivation heranreichen.*[31]

Anders an der zweiten großen Schrittstelle zwischen »fachlicher Kompetenz« und »Selbststeuerung«. Diese beiden Muster sind prinzipiell kompatibel, weil Selbststeuerung nicht dem Muster Entweder-Oder folgt, sondern dem Muster Informationsaustausch und Vergleich. Wenn die beiden Muster aber prinzipiell kompatibel sind, folgt daraus, daß in ihrer Kombination *prinzipiell höhere Effektivität* möglich wird.

---

31 Insofern hatten und haben Führungskräfte-Trainings in der Hierarchie insgesamt eher informellen Charakter.

8.4 Kurzer Blick auf Abhängigkeit, Autonomie und Entscheidungsprozesse

In der Diskussion der Entscheidungsmuster sieht man, welch zentrale Bedeutung Abhängigkeiten und/oder Autonomie haben. Nun möchten vermutlich viele Menschen gerne weniger abhängig und dafür autonomer sein. Aber allein trauen sie sich nicht recht, und außerdem kann man Autonomie nicht anordnen (die Aufforderung, auch die Selbst-Aufforderung: »Sei autonom!« wäre paradox). Wie wird man autonomer?

Es scheint sinnvoll, Autonomie nicht nur als individuelle Anforderung oder Eigenschaft, sondern eher als Systemvariable zu betrachten. Autonomie hängt sehr eng mit dem sich vermehrenden empirischen Wissen von und über uns selbst und den Formen zusammen, in denen Menschen ihr Zusammenleben organisieren. Normatives Wissen kann nicht vermehrt werden; man kann Normen differenzieren und normative Haarspaltereien betreiben – aber dadurch verändert und vermehrt sich Wissen nicht (wie man an jeder Religion sieht). Empirisches Wissen hingegen vermehrt sich (wie man am Beispiel der Naturwissenschaften sieht), weil die Welt komplexer ist als das menschliche Wissen.

Das gilt auch für das Wissen von und über uns selbst: Das empirisch überprüfte Wissen von und über uns hinkt der tatsächlichen Komplexität unserer Lebensprozesse weit hinterher, und die Differenz wird nur kleiner werden, wenn wir *fragen*. Und zwar nicht auf der Ebene der Wissenschaften, sondern *im Alltag*. Das Denken und Wissen der Menschen ist selbstbezüglich und als Zirkel von

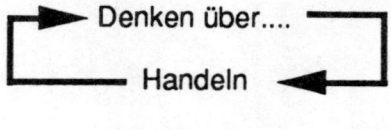

Abbildung 13

darstellbar. Wenn man diesen Zirkel bewußt macht und die Unterschiede zwischen Menschen akzeptiert, *lernen und verändern sich Individuen, Gruppen und komplexere Systeme quasi von selbst.* Man muß sie nicht anschubsen, und sie leisten auch weniger Widerstand.

Vieles von dem, was ich hier dargestellt habe, ist in vielen Köpfen latent vorhanden. Doch daß das latente Wissen kein öffenliches Thema ist, hängt wesentlich damit zusammen, daß bislang kein plausibles Alternativmodell vorlag. Solange dieses nicht formuliert war, mußte jede öffentliche Diskussion über die Defizite des Machtmusters in Depression enden, weil es die allgemeine Ratlosigkeit ins Extreme gesteigert hätte. Die Alternative dient folglich als eine Art Kristallisationskern, an dem sich das latente Wissen organisieren kann. Es fragt sich nur, ob man dies alles auch »beweisen kann«.

Ein altes Problem, ein neues Verfahren: Verifikation

... eine Information ist nie das, was sie auslöst.

Gregory Bateson

Die vorgelegten Überlegungen haben sehr weittragende Konsequenzen: Sie behaupten den Beginn einer neuen Epoche des Organisierens. Dies ist eine empirische Aussage über die Entwicklung von Organisation und ausdrücklich kein Glaubensartikel. Gerade deshalb muß man diese Überlegungen und die darauf aufbauende Praxis den denkbar schärfsten Prüfungen unterwerfen, um auch nur den Hauch heilloser Utopie frühzeitig zu erkennen. Also die Frage vom Anfang: Kann man, können Sie diese Überlegungen verifizieren?

1. Warum Verifikation so wichtig ist

Das Wahrheitsproblem ist vielleicht das existenziellste Problem, mit dem Menschen konfrontiert sind und es ist wahrscheinlich das am härtesten umkämpfte. Für Wahrheiten haben Menschen getötet oder sich töten lassen, wie nicht nur Glaubenskriege und Märtyrer erzählen. Um Wahrheit wird auch in den Wissenschaften gekämpft, im ganz alltäglichen Leben – und in der beruflichen Arbeit.

Natürlich wird auch um die »beste Organisation« gekämpft: Der Kampf von These und Gegenthese, wissenschaftlicher Lehrmeinung gegen wissenschaftliche Lehrmeinung, Beratungsansatz gegen Beratungsansatz tobt in den Organisationswissenschaften wie in der Praxis.

Aber solange der Konkurrenzkontext erhalten und gekämpft wird, kann das Problem nicht gelöst und eine optimale Organisation nicht gefunden werden, weil es keine absolute Wahrheit gibt und *Kampf* zwischen konkurrierenden Theorien *kein Wahrheitskriterium ist.* – Wie also kann man prüfen, ob eine Theorie oder Methode richtig ist?

Dem normalen Manager oder Fortbildner bleibt, mit Distanz betrachtet, nur eine Wahl: Er kann eine Theorie glauben – oder nicht. Diese Entscheidung *muß* jeder treffen, weil man nicht mehrere Organisationstheorien gleichzeitig verwirklichen kann. Diese Entscheidung wird in der Regel ohne differenziertere methodische Prüfung, insofern (relativ) willkürlich, gefällt, dann als verbindliches Verfahren an alle Mitarbeiter weitergegeben – und hinterläßt, soweit ich sehe, viele Unsicherheiten, ob man »die richtige Entscheidung« getroffen habe.

Das ist keine Kritik an Entscheidern, sondern ein Hinweis auf ein systematisches Defizit tendenziell aller humanwissenschaftlichen Theorien, Organisationstheorien eingeschlossen: *Keine der konkurrierenden Theorien und Konzepte enthält ein Verfahren, mit dem Sie, der Benutzer, die Benutzerin, eine Theorie bzw. eine Methode und ihre angeblichen Leistungen verifizieren können.* (Prüfen Sie es nach!)

Der Kampf der Theorien, Methoden, Ansichten und Meinungen und die willkürlichen Entscheidungen sind notwendig und unvermeidlich, solange Organisationsprozesse als Machtprozesse aufgefaßt und gestaltet werden. In dem Moment aber, in dem der menschliche Geist bzw. das Gehirn als Referenzsysteme genommen werden, sind Prüfungsverfahren möglich. – Und wie kann man die These prüfen, netzwerkartige

Organisationsprozesse seien geistkonform und anderen überlegen? Dafür biete ich Ihnen ein Verifikationsverfahren.

Keine Angst, das Wort klingt groß, aber es beschreibt etwas, was Sie täglich tun. Verifikationsprozesse sind das Zentrum aller Erkenntnis- bzw. Selbsterkenntnisprozesse, schaffen Sicherheiten und beeinflussen das Handeln der Menschen. Mein Ziel ist folglich, Verifikation zu einem bewußt organisierten Prozeß zu machen und die eigentümlichen Leistungen freizulegen, die darin stecken. Darüber hinaus behaupte ich, daß Veränderungsprozesse 2. Ordnung *nur gelingen können, wenn sie laufend Verifikationsschleifen integrieren.* In diesem Sinne ist Verifikation ein integraler »Teil« des Entwurfs, der sich auch darin von allen anderen unterscheidet.

Das heißt, daß das Wahrheitsproblem als Verifikationsproblem neu formuliert werden muß, um seine Bedeutungen und latenten Wirkungen zu entdecken. Wahrheit ist etwas anderes als Verifikation, und der wichtigste Unterschied läßt sich so formulieren: Während Wahrheit als ein endgültiger, statischer »Zustand« betrachtet wird, bezeichnet Verifkation einen immer wieder zu durchlaufenden Prozeß. Ich werde zwei Aspekte diskutieren:

- Wie Sie die vorliegenden Überlegungen verifizieren und sich von ihrer Brauchbarkeit selbst überzeugen können und
- die Veränderungsdynamiken, die in Verifikationsprozessen gleichsam entbunden werden.

2. Konvergenzprüfungen

Ich habe Sie mehrfach aufgefordert, Ihre Erfahrungen zu überprüfen, weil ich Ihre Aufmerksamkeit auf Prozesse lenken wollte, die Sie sowieso durchlaufen. Wenn Sie eine Information bekommen, die Sie anspricht, prüfen Sie sofort, wie diese Information zu ihren bisherigen paßt. Dies kann man eine Konvergenzprüfung nennen: Sie prüfen, mit *welchen* Ihrer bisherigen Informationen und Überlegungen die neuen zusammenpassen bzw. tendenziell übereinstimmen.

Übereinstimmungen zu prüfen ist kein punktueller, einmaliger Akt, sondern ein permanenter Prozeß. Menschen *müssen* Informationen auf Konvergenz prüfen, weil wir, würden wir es nicht tun, schnell in eine Situation totaler Informationskonfusion kämen. Konvergenzprüfungen werden in aller Regel individuell abgewickelt und nur selten veröffentlicht. Sie laufen fast unbewußt ab und wecken nur in seltenen Fällen besondere Aufmerksamkeit.

Mit den bisherigen Konvergenzprüfungen konnten Sie einzelne Thesen, einzelne Kapitel oder vielleicht die Verbindung zwischen den Kapiteln prüfen, aber nicht das ganze Konzept. Das steht jetzt an und bedeutet einen mehrfachen »Sprung«:

- Von der Ebene einzelner Thesen oder Erfahrungen auf die *gesamte* Konstruktion,
- vom Status eher beliebiger Annahmen und Meinungen zu *überprüfbaren* Aussagen und
- einen *finalen Schritt* auf der Skala der logischen Ebenen des menschlichen Geistes.

3. Verifikation

Dieses Buch versucht einen pragmatischen Dialog zwischen mir als Autor und Ihnen als Leser(in). Es will ein gedankliches Netzwerk knüpfen, in dem Sie und ich unsere Erfahrungen und unser latentes Wissen neu interpretieren und für bewußte Veränderungsprozesse nutzen können. Ein solches Netz kann

Anreiz und Orientierung sein, die eigentlichen Erkenntnisprozesse aber sind die *Dialoge, die jeder mit sich selbst führt.* Was Sie dabei für sich herausfinden, können Sie sichern, wenn Sie in bewußte Verifikationsprozesse einsteigen.
Zunächst zu den logischen Ebenen. Wissen und Handeln sind zirkulär miteinander verknüpft, schematisch so darstellbar:

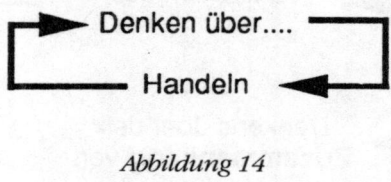

Abbildung 14

Die Diskussionen dieses Buches gehören dieser Sphäre nicht an, sondern stellen ein Nachdenken über die Beziehung von »Denken über ... und Handeln« dar. Dies kann man schematisch so darstellen:

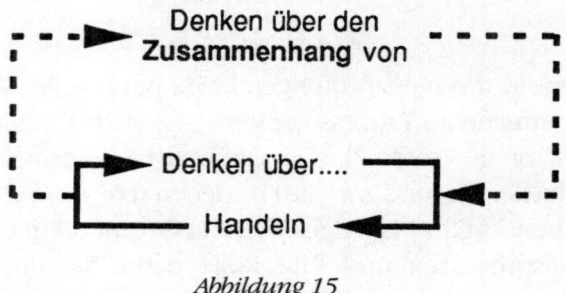

Abbildung 15

Konvergenzprüfungen sind ein Aspekt des Denkens über den Zusammenhang von ..., aber noch keine Verifikation. Um zu verifizieren, müssen wir abermals die Ebene wechseln: Verifikation bezieht sich *ausschließlich* auf die *Richtigkeit von Nachdenk- und Erkenntnisprozessen,* mithin nur auf innere Prozesse. Der menschliche Geist operiert auf dieser Ebene nur mit *den Verknüpfungen* von Informationen, mit Theorien (gedanklichen Systemen), Kriterien und Maßstäben, die miteinander verglichen und auf ihre Richtigkeiten geprüft werden. Damit wird eine höhere logische Ebene aktiviert, was sich schematisch so darstellen läßt:

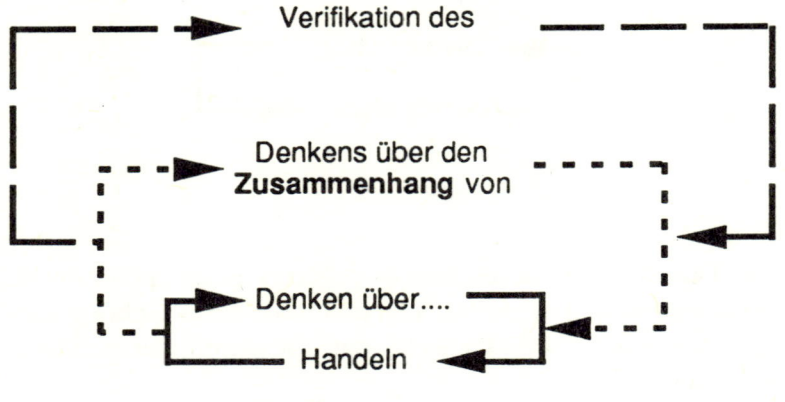

Abbildung 16

So wie Konvergenzprüfungen keine punktuellen Akte, sondern permanente Prozesse sind, so ist auch Verifikation ein *Prozeß* mit mehreren Phasen. Die erste ist unvermeidlich eine individuelle: *Sie* (und *nur* Sie) beziehen das, was Sie hier gelesen haben, auf Ihr bisheriges Bild von Organisation bzw. Organisationsprozessen und Ihre Rolle darin. Sie und nur Sie können die vorgelegten Ideen für sich verifizieren, Ihre Erfahrungen bzw. Ihr Wissen bilden das eigentliche Verifikationspotential und der *Prozeß* besteht darin, Ihre Erfahrungen im Kontext dieser Überlegungen zu überprüfen und gegebenenfalls neu zu formulieren, neu zu gewichten und neu zu ordnen.

Dabei mag es sein, daß Sie sich mit inneren Konflikten konfrontiert sehen, weil Ihre Loyalitäten ihren Erkenntnissen im

Wege stehen (und umgekehrt). Dann müssen Sie sich entscheiden, was Ihnen wichtiger und was für Sie *richtiger* ist: Die Loyalitäten Ihren Vorgesetzten und Mitarbeitern gegenüber zu wahren (die manchmal verdeckte Anpassung ist) oder Ihren Erkenntnissen zu folgen.

Diese Differenz ist für Sie nicht ganz neu, aber sehr wichtig. Normalerweise wollen sich Menschen mit solchen inneren Differenzen nicht auseinandersetzen und neigen dazu, sie aus ihrem Bewußtsein zu verdrängen, womit der innere Konflikt auf Dauer gestellt wird. Die Umkehrung aber ist gewinnbringend: Es gilt, innere Konflikte als Kern einer fundamentaleren Auseinandersetzung zu erkennen. Sie werden nämlich mit dem Faustschen Problem konfrontiert, daß zwei Seelen auch in Ihrer Brust wohnen. Oder, weniger poetisch ausgedrückt: Es gibt zwei unterschiedliche Selbstbilder bzw. Ansätze zu Selbstbildern. Und welchem sollen Sie glauben bzw. wer wollen Sie sein? Das ist das Thema des Dialogs, den Sie mit sich selbst führen und entscheiden müssen.

Damit kippt die Diskussion in andere Dimensionen des Geistes. Die bisherige Argumentation unterstellte unausgesprochen, daß Verifikation ein kognitiver Prozeß sei. Das ist Verifikation auch – tatsächlich aber scheint es, daß die kognitiven Prozesse die Oberfläche eines »hart« codierten emotionalen Problems sind: Verifikation ist letztlich ein Problem meines bzw. Ihres Selbstbildes. Man kann das Verifikationsproblem nur aus einer relativen Autonomie heraus annehmen: Wer sich selbst als abhängig definiert, hält sich auch für unfähig, seine eigenen Erfahrungen und Überlegungen zu verifizieren und wird sich gegen die Autonomie-Anforderung wehren. Und wer umgekehrt verifiziert, handelt aus einer relativen Autonomie heraus und wird dabei mit nach wie vor bestehenden verinnerlichten Abhängigkeiten konfrontiert werden.

Nun sind Menschen nicht allein. Verifikationsprozesse wären (wahrscheinlich) leichter bzw. problemloser, wenn sie nur in meinem oder Ihrem Kopf abliefen. So aber müssen Sie und ich das verifizierte Wissen kommunizieren, und wenn wir mit anderen über Konvergenz- und Verifikationsprozesse reden, werden wir mit anderen Wahrnehmungen, anderen Interpretationen und anderen Reaktions- und Verständnismustern und letztlich mit anderen Selbstbildern konfrontiert. Wenn man vergleicht, werden folglich zwei Arten von unterschiedlichen Informationen aufeinander bezogen: Ihre und anderer Menschen Sicht eines Systems (Unternehmens) und Ihr und anderer Menschen Selbstbild als Interpretations- und Bewertungsmaßstab.

Vergleichen ist ein scheinbar harmloser, potentiell aber sehr effektvoller Prozeß, und was Sie daraus machen, hängt von Ihrer Einstellung ab, mit der Sie in einen Vergleich gehen. Sie können sich mit anderen vergleichen, um herauszufinden, wer »besser« ist, Sie können den Vergleich suchen, um Ihre Erfahrungen zu relativieren, oder Sie vergleichen Ihre Erfahrungen mit denen anderer Menschen, um die Unterschiede bewußt zu machen. Sie werden in jedem Fall neue Informationen gewinnen, aber nur im letzten Fall, wenn Sie Unterschiede wissen wollen, werden Sie, so nehme ich an, eine meiner Lieblingsthesen verfzieren, nämlich *daß die Mitglieder einer Organisation eigentlich alles wissen, was wichtig ist* – und daß sie sich organisieren müssen, um das Wissen bewußt zu machen und sich zu verändern.

4. Was kann man wie verifizieren?

Man kann vergangene und gegenwärtige Prozesse verifizieren, aber nicht, ob Netzwerke so wie angedeutet funktionieren und ob sie tatsächlich leistungsfähiger sind. Müssen wir also in eine total ungewisse Zukunft gehen?

Nein. Wir sind durch die Diskussion des Verifikationsproblems einen wesentlichen Schritt weiter und können in diesem Verfahren einen extrem leistungsfähigen Veränderungsbeschleuniger entdecken. Wie das?

Menschen steuern sich selbst, indem sie Informationen über Veränderungen innen und außen austauschen und sich auf veränderte Situationen einstellen. Das bedeutet, formal betrachtet, laufende Anpassung und, da Menschen Fehler machen, Fehlerkorrektur. Verifikationsprozesse kreisen immer um die Fragen:

- Wo stehen wir?
- Was hat sich verändert? Gibt es etwas Neues?
- Haben wir alles berücksichtigt?
- Haben wir alles geprüft?
- Können wir so weitermachen oder müssen wir etwas ändern?

und müssen periodisch immer wieder durchlaufen werden. Damit werden nicht nur Arbeitsprozesse optimiert, sondern auch Sicherheiten geschaffen: Das Wissen darum, was andere denken, fühlen und wollen, schafft Sicherheit und Orientierung (unliebsame Überraschungen werden reduziert) und auch Verläßlichkeit und Verbindlichkeit.

Dieses Verfahren kann – und muß! – von jedem System und auf allen Komplexitätsebenen durchgespielt werden, von einer Gruppe am Band bis zu Vorstand oder Geschäftsführung.

5. Die Potentiale von Verifikationsprozessen: Anwendung auf sich selbst

Damit kommen wir zur letzten Stufe von Verifikationsprozessen, *der Anwendung des Konzepts auf sich selbst*. Man kann systematisch fragen:

- Liegen wir mit dem Konzept richtig?
- Welche Prozesse haben wir durchlaufen, wie haben wir sie organisiert und welche Erfahrungen haben wir gemacht?
- Geben sie Anlaß zu Korrekturen oder bestätigen sie unser Vorgehen?

Insofern lernen Menschen auch, sich mit *der Reflexion* auf ihre Organisations- und Arbeitsprozesse auseinanderzusetzen. Selbststeuerung und integrierte Verifikationsprozesse stellen deshalb nicht nur ein potentes Organisationskonzept dar, sondern »enthalten« dank der Anwendung auf sich selbst, ihre eigene Entwicklungssteuerung. Und weil die Veränderungsprozesse dank der integrierten Verifikationsprozesse zunehmend offener, bewußter und vor allem sicherer verhandelt werden (können), sind Verifikationsprozesse *Veränderungsverstärker* bzw. *Veränderungsbeschleuniger.*

Verifikationsprozesse sind das meines Wissens *einzige* (mögliche) *Medium,* mit dem Wahrheits- und Richtigkeitsprobleme – und damit Veränderungsprozesse! – aus dem Kampfkontext emanzipiert und in einen ko-evolutionären Kontext überführt werden können. Insofern *ist der Erfolg von Veränderungsprozessen 2. Ordnung von systematischer Verifikation auf allen Ebenen abhängig.*

Daß dieses Organisationskonzept geistkonform und auf sich selbst anwendbar ist, hat schließlich noch eine Konsequenz, die in einer von Wahrheits- und Meinungskämpfen zerrissenen, um Wahrheiten konkurrierenden Gesellschaft kaum aussprechbar scheint: *Das Konzept ist letztlich nicht widerlegbar.*

Es kann und wird weiterentwickelt werden (dies hier sind nur Einstiegsüberlegungen), aber es wird im Prinzip nicht widerlegt werden (können).

Diese vielleicht provozierende These (»Ist er jetzt größenwahnsinnig geworden?«) läßt sich im Vergleich mit den Naturwissenschaften begründen. Einzelne naturwissenschaftliche Erkenntnisse, Experimente und Beobachtungen müssen empirisch beobachtbar, die Theorien der Naturwissenschaften müssen widerspruchsfrei und verifizier- bzw. falsifizierbar sein – die *Naturwissenschaften ingesamt* aber gehören einem anderen Kontext an und *sind nicht widerlegbar*. Das ist in ihren Prämissen und ihren Verfahren begründet: Wenn und soweit es der Natur immanente Gesetzmäßigkeiten gibt, können sie erkannt und durch erfolgreiche Anwendung verifiziert werden. Die einzige mögliche Widerlegung der Wissenschaften insgesamt wäre die Entdeckung eines neuen physikalischen oder biologischen Kosmos mit anderen Gesetzmäßigkeiten. In diesem Sinne stellen die *Naturwissenschaften insgesamt* ein *konkurrenzloses Modell* dar, das die interne Weiterentwicklung prinzipiell offenhält, als Modell aber weder widerlegt noch aufgegeben noch übertroffen werden kann.

Ein ähnliches Verhältnis gibt es hier. Alle kognitiven, alle emotionalen und alle Verhaltensprozesse spielen sich innerhalb des »geistigen Raums« ab – und können nur mit geistigen Mitteln beobachtet und kommuniziert werden. Da es keinen »anderen« Geist gibt, der den menschlichen Geist in actu beobachten kann und nur unser Geist sich selbst beobachten und mit sich selbst kommunizieren kann, kann das Muster nicht transzendiert und/oder von außen betrachtet werden. Der menschliche Geist ist auf jeder Ebene, auch auf den abstraktesten und allgemeinsten, selbstbezüglich: Er kann sich selbst beobachten und seine Beobachtungen auf sich beziehen.

Dazu gibt es keine Alternative und insofern ist das vorgestellte Modell konkurrenzlos und nicht widerlegbar.

Darin liegt ein ungeheurer Vorteil. Wenn die geistigen Prozesse eine immanente Ordnung enthalten und wenn die Gesetzmäßigkeiten des menschlichen Geistes verifizierbar sind, müssen alle Aussagen über unseren Geist überprüfbar und also widerlegbar sein. Dann gibt es einen verifizierbaren

Fortschritt in der Selbsterkenntnis des menschlichen Geistes, seiner Grenzen, seiner Gesetzmäßigkeiten und seiner Operationen. Und wenn wir die Gesetzmäßigkeiten und Operationen des menschlichen Geistes erkennen, wenn wir, konkreter, erkennen, wie wir Aufgaben und Probleme konstituieren, Ideen und Lösungen entwickeln und kommunizieren, dann können wir die immanente Ordnung der geistigen Prozesse in der Organisation von Arbeitsprozessen nachbilden. Die Nachbildung der immanenten Ordnung des Geistes in der Organisation von Arbeitsprozessen ist optimierbar (und wir können noch viel lernen), kann aber – als Prinzip – weder widerlegt noch übertroffen werden.

Dann aber gelingt auch der letzte Teil der »Reise«, die Verwirklichung. Bislang kann man alles mit sich allein ausmachen und bis jetzt müssen Sie sich noch nicht entscheiden, ob Sie sich verändern wollen. Doch wenn Sie sich entscheiden, werden Sie alle Überlegungen noch einmal verifizieren müssen – wenn es nämlich ans Verwirklichen und Verändern geht.

Selber machen:
Wie man Netzwerke entwickelt

> Nein.
> 88% der leitenden Führungskräfte eines sehr großen Unternehmens auf die Frage: »Glauben Sie, daß Sie die Aufgaben der Zukunft in der heutigen Organisation bewältigen können?«
>
> *(März 1993)*

Die letzten Überlegungen zur Nicht-Widerlegbarkeit des Modells verweisen auf einen komplexeren Rahmen, in dem diese Überlegungen stehen. Paradigmenwechsel sind nicht sehr häufig, und es lohnt sich, nach der evolutionsgeschichtlichen Stellung des »Sprungs« in Netzwerke selbststeuernder Systeme zu fragen. Es spricht einiges dafür, daß dieser Übergang als die dritte große Organisations-Revolution in der Menschengeschichte aufgefaßt werden kann.

Es scheint, als habe es Hierarchien immer gegeben und als seien sie nicht nur in der Natur, sondern auch in menschlichen Gesellschaften verankert. In allen höheren Tiergattungen gibt es Hack- und Rangordnungen und in allen menschlichen Gesellschaften gibt es »heiliges Wissen«, das eine Hierarchie der Wissenden und Nicht-Wissenden, der Mächtigen und Nicht-Mächtigen begründete. Aber die Hierarchie, so wie wir sie heute verinnerlicht haben, ist weder »natürlich« noch sonderlich alt.

Die hierarchische Großorganisation wurde vor rund 5000 Jahren zum Bau der ägyptischen Pyramiden erfunden. Hier wurden zum ersten Mal zehntausende von Menschen für lange Zeit von einer überlegenen Macht zu einer kooperierenden Einheit zusammengefaßt, um technische Leistungen zu vollbringen, die sonst unmöglich gewesen wären. Lewis Mumford hat diese Organisation – mit einigem Recht – eine Megamaschine genannt,[32] die für die Evolution der Gattung Mensch extrem folgenreich geworden ist, weil damit die kleinen Grenzen des Stammes bzw. des Dorfes gesprengt wurden.

Die Konstruktion der Megamaschine war an bestimmte *geistige* Voraussetzungen gebunden: Sie setzte astronomisches Wissen voraus (um die Pyramiden zu berechnen), bürokratisches Wissen (um die Logistik zu organisieren) und einen Gottkönig, dessen Willen absolut galt und der das Ganze legitimierte (und in der Pyramide sinnbildlich darstellen ließ).

Mit der Organisation des Pyramidenbaus war ein Prinzip entdeckt und entwickelt, das allen anderen Organisationsformen überlegen war und in der Menschengeschichte nie mehr aufgegeben wurde. Deshalb können wir hier von der ersten Organisations-Revolution bzw. dem ersten »Sprung« in der Organisationsentwicklung sprechen.

Die zweite war die Form der Arbeitsteilung, die mit dem Namen Taylorismus bezeichnet wird. Hier werden, als historische Neuerung, technische Arbeitsprozesse in immer kleinere, wiederholbare und routinemäßig-schnell vollziehbare Teilprozesse zerlegt, um die Fertigung zu rationalisieren. Und wieder ist die Idee von geistigen Prozessen abhängig. Sie baut auf der ersten auf und setzt *zusätzlich* ein höheres technisches Wissen und eine säkularisierte Legitimation voraus. Man braucht technisches Wissen, um die Arbeit in kleinste Teile zerlegen zu können, und an die Stelle des einheitsstiftenden Gottkönigs, der seine Jahrtausende überdauernden Denkmäler

---

32 Ich stütze mich im folgenden auf Lewis Mumfords einleuchtend-phantasievolle Darstellung: Mythos der Maschine, Frankfurt 1977

bauen ließ, tritt Massenwohlstand bzw. Massenkonsum als legitimierende Idee (weil die Produkte verkauft werden müssen). Die Kombination von technischer Arbeitsteilung und hierarchischer Großorganisation hat den »Siegeszug« der technischen Zivilisation und den Wohlstand der Industriegesellschaften möglich gemacht. Insofern kann man von der zweiten Organisations-Revolution bzw. dem zweiten »Sprung« in der Organisationsentwicklung sprechen.

Umso deutlicher wird die Differenz zur dritten. Wieder spielt Wissen eine wesentliche Rolle und wieder gibt es neue, auslösende Gründe.

Das Wissen, das die dritte Organisations-Revolution treibt, ist kein astronomisches, kein bürokratisches und auch kein technisches, sondern Wissen von und über uns selbst, und zwar in mehrfacher Gestalt. Erstens kumuliert das Erfahrungswissen der Menschen aus ein paar tausend Jahren »Organisation«, zweitens beschleunigt sich die Entwicklung des wissenschaftlichen Wissens und drittens gibt es ein latentes Wissen darum, daß es »nicht so weitergehen kann« und daß wir die Aufgaben, mit denen wir konfrontiert sind, mit den überkommenen Mitteln nicht bewältigen können.

Darum ranken sich auch die Legitimationsüberlegungen. Ein Organisations»Sprung« bedingt eine Zieldiskussion – und hier eröffnen sich in den heutigen Zeiten ungeheure Zusammenhänge und Perspektiven. Die modernen Gesellschaften bzw. das System der modernen Gesellschaften verändern sich immer schneller. Die Begriffe »Wertewandel«, »Paradigmenwechsel«, »Aufbruch ins 3. Jahrtausend«, »postindustrielle Gesellschaft«, »Megatrends« und andere mehr signalisieren nicht nur intellektuelle Unruhe, sondern tatsächliche Veränderungsprozesse von vorläufig unübersehbaren Ausmaßen. Der Zusammenbruch des ehemaligen Ostblocks und der Druck der armen Länder auf die reichen, das sich weiterentwickelnde Umweltbewußtsein und das Wissen, in einer »Risikogesellschaft« (U. Beck) zu leben sowie die Explosion des Wissens und der Möglichkeiten schaffen Alternativen und Entscheidungsprobleme mit bislang unbekannten Folgen. Sie betreffen jedes Individuum und jedes Unternehmen. In dieser Perspektive gibt es kurz-, mittel- und längerfristige Gründe für die Entwicklung neuer Organisationsformen. Die vordergründigen sind unmittelbar ökonomische: Der Konkurrenz- und Kostendruck wird härter und die organisatorischen Reserven sind ausgereizt. Mittelfristig gesehen, gehen die Legitimationen auf die Ziele wirtschaftlichen Handelns und auf Neuorientierungen über, deren wesentliches Kriterium »ökologiekonform« heißen wird. Es ist evident, daß wir nicht so weiterwirtschaften können und es scheint ebenso evident, daß viele Menschen dies auch nicht mehr wollen. Längerfristig schließlich steht eine Neuorganisation des menschlichen Zusammenlebens ins Haus. Diese Aufgabe liegt noch im Hintergrund, spielt hier schon hinein – und weist über den skizzierten Rahmen weit hinaus.

Die dritte Organisations-Revolution ist wahrscheinlich die komplexeste, wird aber dennoch die sanfteste sein. Der entscheidende Unterschied zwischen den beiden ersten und der dritten Organisations-Revolution liegt in der Struktur der notwendigen und unvermeidlichen Lern- und Veränderungsprozesse: Während sich die Veränderungen der ersten und zweiten Revolution gleichsam über die Köpfe der Menschen hinweg vollzogen, können wir die dritte, dank der enormen Fortschritte der letzten zwanzig Jahre, mit wachsendem Wissen bzw. wachsender Selbsterfahrung steuern. Weil wir die Oszillationen zwischen den auseinanderdriftenden Organisationsmustern in uns kennen und weil wir geistkonforme Organisationsmuster entwickeln können, können wir uns auch bewußt entscheiden, möglichst früh in den Übergangsprozeß »einzusteigen«. Der Übergang wird umso sanfter, je früher und je bewußter wir damit beginnen. Mein Ziel ist, den Einstiegspunkt in der Gesamtdynamik möglichst weit nach vorne zu schieben, schematisch so darstellbar:

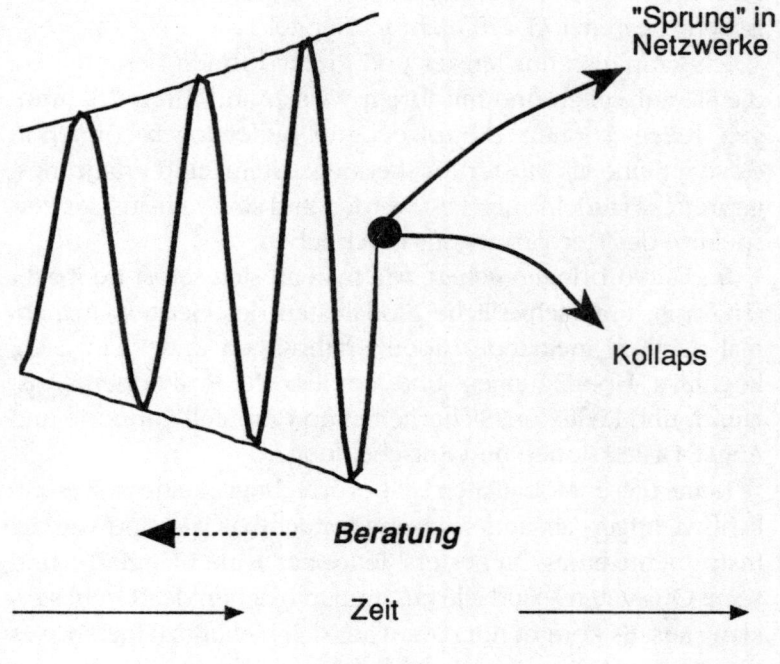

Abbildung 17

Damit sind wir bei den entscheidenden praktischen Fragen: Läßt sich kompetent darlegen und plausibel machen, wie sich der »Sprung« bewältigen und Netzwerke verwirklichen lassen? Was, genauer gefragt, kann man vorwegnehmend klären, wenn Sie und andere doch Ihren Weg gehen und den »Sprung« selbst organisieren müssen?

Noch einmal: Sie bzw. die Mitarbeiter eines Unternehmens (alternativ: einer Behörde, einer Bildungs- oder Sozialinstitution etc.) sind die eigentlichen Organisationsexperten. Sie und nur Sie verfügen über das nötige Systemwissen und das latente

Wissen, das den inneren Zustand des Systems beschreibt. Ich bin nur Experte für die Beschreibung der Gesamtdynamik und für Muster, und meine Funktion (bzw. die eines Beraters) ist sehr begrenzt. (Dazu mehr im Kapitel 12.)

Ich kann also nur Muster und Prozeßformen beschreiben, die Sie aufgreifen und mit Ihrem Wissen und Ihren Erfahrungen »füllen« können. Die folgenden Überlegungen können in diesem Sinne als Muster für theoriegeleitetes und erfahrungsgeprüftes Handeln aufgefaßt werden und sind rein aus der Perspektive des Hervorbringens geschrieben.

Im Hervorbringen gehen, wie man an sich selbst beobachten kann, unterschiedliche Modalitäten des Geistes (manchmal nahtlos) ineinander über: Erfahrungen und Phantasien, kognitive Überlegungen und emotionale Reaktionen, Austausch und Reflexion, Sicherheiten und Zweifel, Euphorie und Angst, Diskussionen und Entscheidungen.

Keine dieser Modalitäten ist »bevorrechtigt«, keine ist wesentlich »wichtiger« als andere, keine verzichtbar. Sie sind wie die Instrumente eines Orchesters: Jedes hat seine Klangfarbe und seine Qualitäten – und alle zusammen machen den Orchesterklang aus. Es kommt nur darauf an, sich bewußt zu halten, was jeweils aktualisiert ist und welche Konsequenzen es hat.

Solcherart ganzheitliche Prozesse sind nicht instrumentell manipulierbar. Man kann sie weder anordnen noch befehlen, sondern nur individuell leben, auf diese Weise vormachen und Dritte per gelebter Identifikation motivieren, die eigenen Erfahrungen ernst zu nehmen und sich mit sich selbst auseinanderzusetzen. Insofern ist der Prozeß, in dem die Überzeugung entsteht: »Ich will mich/wir wollen uns neu organisieren …« ein sich selbst organisierender Prozeß.

9. In Umrissen: Netzwerke selbststeuernder Systeme

> Wie man sich bettet, so liegt man.
>
> *Sprichwort*

Netzwerke selbststeuernder Systeme werfen mehrere grundlegende praktische Fragen auf:

- Wie entstehen selbststeuernde Systeme bzw. Netzwerke?
- Wie steuern sich Systeme selbst?
- Wie arbeiten sie und
- welche Stütz- und Service-Strukturen brauchen sie?

9.1 Wie selbststeuernde Systeme und Netzwerke entstehen

Es fängt an wie immer: Eine Aufgabe soll erledigt, ein Problem gelöst werden. Dazu müssen Mitarbeiter mit unterschiedlichen Fähigkeiten zusammenkommen und ggf. Experten hinzugezogen werden, die sich mit der Aufgabe identifizieren und zusammenarbeiten müssen. Sie müssen Art und Umfang sowie technische, finanzielle oder sonstige Rahmenbedingungen ermitteln und *dann die (optimale) Organisation dazu entwickeln*. – Das sieht wie Arbeits*vermehrung* aus (»Warum etwas Neues erfinden?«), bewirkt aber das Gegenteil: Organisationsprozesse zu entwickeln verwandelt Anpassungswissen in Problemlösungsschritte.

Selbststeuernde Gruppen oder Systeme, die ihre Aufgaben definieren und Vernetzungen organisieren, werden als neue betriebliche Grundeinheit definiert. Ein System kann, je nach Aufgabe, ziemlich groß sein und im Grenzfall bis zu 50 oder 60 Mitglieder umfassen.[33] Ein solches System organisiert seine Arbeitsprozesse selbst und muß sich dafür, erstens, intern untergliedern (kleinere Gruppen bilden bzw. einzelne Mitglieder mit Einzelaufgaben betrauen) und, zweitens, mit allen Kooperationspartnern extern vernetzen. Sie haben keine Führungskräfte, keinen Leiter und nicht einmal einen institutionalisierten Sprecher.

Nach diesem Grundmuster werden alle operierenden Systeme aufgebaut, vom System »Vorstand« oder »Geschäftsführung« bis zum System »Reinigungs-« oder »Wachdienste« (um zwei Extreme zu nehmen).

Zwei Ebenen lassen sich also sofort definieren: Die horizontal vernetzten operativen Systeme und die Top-Gruppe, die sich von den anderen teilweise unterscheidet. Traditionell sind Geschäftsführung oder Vorstand eine kleine Gruppe von maximal zehn Mitgliedern. Es scheint sinnvoll, diese Größe beizubehalten, weil die Steuerungsgruppe überschaubar sein soll und kurze Wege haben muß. Ihre Aufgabe ist, die Ko-Evolution von System und Umwelt zu organisieren.

Für größere Unternehmen braucht man zwischen den operativen Einheiten und der Top-Gruppe Zwischenglieder. Diese können wahrscheinlich aus Profit-Centers oder ähnlichen Einheiten heraus entwickelt werden, wobei man darauf achten

---

33 Ich habe lange Zeit von »selbststeuernden Gruppen« gesprochen; jetzt ziehe ich den Begriff »System« vor, weil er größenneutral ist; »Gruppe« suggeriert immer Größen von max 10-12 Mitgliedern; selbststeuernde Systeme können größer sein.

muß, daß die neuen Einheiten sich nicht gegeneinander abschotten. Heutige Größen vorausgesetzt, kommen Unternehmen wahrscheinlich mit maximal vier Ebenen aus:

- Top Einheit,
- ein bis zwei Zwischengliedern und
- operativen Einheiten.

Dazu kommen variable Projektgruppen und Service-Einheiten wie Verwaltungsdienste, Personal, Finanzen, EDV etc., die zwar Aufgaben eines anderen Typs haben, aber auch als selbststeuernde Einheiten arbeiten.

Das Netzwerk selbststeuernder Gruppen kann man sich demnach *dreidimensional* vorstellen, ähnlich wie die dicht gepackten, vernetzten Nervenzellen des Gehirns: Alle Systeme – operative Einheiten, koordinierende Einheiten, Service-Einheiten und die Top-Gruppe – vernetzen sich in einem pragmatischen communication-all-Modell: Sie nehmen Kommunikation mit all den Gruppen bzw. Individuen auf, mit denen sie kommunizieren müssen und produzieren dabei ein ungemein dichtes *und* transparentes Netz aus Informationen und Wissen.

9.2 Wie steuern sich Systeme selbst?

Arbeit ist natürlich nicht gleich Arbeit und die selbststeuernden Systeme werden sich sehr unterscheiden. Es gibt kurzfristige, mittelfristige und langfristige Aufgaben, einfache, mäßig komplexe und sehr komplexe, es gibt Routineaufgaben, relativ gleichbleibende (bzw. mäßig veränderliche), innovative und Planungsaufgaben, die alle unterschiedlich organisiert werden müssen. Darauf stellen sich Menschen fast schlafwandlerisch sicher ein: Sie entwickeln Ideen, wie man eine Aufgabe bewältigen könnte. Da Menschen aber unterschiedlich sind, entwickeln sie unterschiedliche Vorstellungen. Um effektiv zusammenarbeiten zu können, müssen die Vorstellungen vereinheitlicht werden. Das ist der eigentlich produktive, erkenntnismehrende Prozeß.

Die Entwicklung von Netzwerken selbststeuernder Systeme geht also von einer *Umkehrung* aus: Nicht eine einheitliche Organisation (die Hierarchie) für alle Aufgaben, sondern für jede sinnvoll abgrenzbare Aufgabe eine eigene, passende Organisation. Die Umkehrung wird mit der Erkenntnis begründet, daß in Selbstorganisationsprozessen das Wissen der Mitarbeiter am besten wirksam werden kann.

Damit liegt die Potenz der Netzwerk-Idee frei: Die Organisation steuert die Arbeitsprozesse und man kann ohne Übertreibung sagen, daß die Organisation einer Aufgabe die halbe Lösung ist. Oder, als Umformulierung des Sprichworts:

Wie man sich organisiert, so löst man (Aufgaben).

Weil es viele unterschiedliche Aufgaben gibt und weil sich die Aufgaben verändern, gibt es viele wechselnde, unterschiedlich komplexe, unterschiedlich dauerhafte, ihre Form verändernde Systeme, die mit anderen Systemen kooperieren und Netzwerke bilden. Da es immer mehrere Möglichkeiten gibt, Aufgaben, Probleme und Arbeitsprozesse zu definieren, müssen die Abgrenzungen und Vernetzungen in Abständen überprüft werden.

Die Organisationsprozesse verändern sich also mit den Aufgaben und Problemen einerseits und dem wachsenden Wissen der Mitarbeiter andererseits.

Das klingt vielleicht revolutionär, passiert aber, weniger bewußt, tagtäglich. Wie Sie aus Erfahrung wissen, ist die scheinbar übermächtige formale Organisation nur eine Art Gerüst: Fast alle Arbeitsprozesse werden zu wesentlichen Teilen informell organisiert, und zwar oft gegen die formale Organisation oder bestimmte Arbeitsanweisungen. Die Mitarbeiter einer komplexen Organisation verhalten sich in einer Art communication-all-Modell (jeder ruft jeden an, von dem er etwas braucht oder will), das alle wesentlichen Informationen transportiert (Gerüchte eingeschlossen) und Fuzzy-Logic-artig funktioniert: Das Ganze ist nicht planbar, sondern *organisiert sich tagtäglich selbst* – und funktioniert gerade deshalb.

Mit dem Netzwerk selbststeuernder Systeme wird dieser Kontext bewußt gemacht und systematisch genutzt. Dazu brauchen Systeme bestimmte Informationen, und um diese zu bekommen, muß ein weiteres Charakteristikum hierarchischer Organisation ins Gegenteil verkehrt werden: Während die Informationen in informellen Systemen gerade nicht für jedermann verfügbar sind, müssen selbststeuernde Systeme *regelmäßig* Informationen über sich erarbeiten und *für alle* transparent machen. Und zwar über den Fortgang der sachlich-inhaltlichen Arbeit *und* über die Art, wie sie organisiert ist. So können Inhalt und Organisation aufeinander abgestimmt bzw. sich verändernden Bedingungen angepaßt werden.

Da sich Systeme mit anderen vernetzen müssen, entwickeln sie aus lokaler Interaktion sich verändernde globale Ordnungen: Wenn sich die Rahmenbedingungen des Handelns verändern, kann sich das System jederzeit anpassen und weiterentwickeln. Das bedeutet übrigens auch, Gruppen bzw. grössere Systeme ausdrücklich und bewußt *zu beenden*, Erfahrungen und Erkenntnisse zu dokumentieren (damit andere darauf aufbauen können) und das Ende ordentlich zu feiern.

9.3 Puppe in der Puppe:
Wie selbststeuernde Systeme arbeiten

Selbststeuerung via Schleifenmodell stellt durch die Phasen I und III, Einschwingen und Rückkoppeln (vergl. Abbildung 9, S. 90) einen *Rahmen* her und hilft, Prozesse zu strukturieren. Es ist aber keine Arbeitstechnik im engeren Sinne. Um den Rahmen auszufüllen, brauchen Menschen geistkonforme Arbeitsmethoden.

In den letzten rund zwanzig Jahren sind viele Problemlösungs-, Arbeits- und Entscheidungstechniken zur »Serienreife« entwickelt worden, um wachsende Komplexitäten zu verarbeiten und die Engpässe der Hierarchie auszugleichen. Aber ihre Wirkungen sind sehr *ambivalent:* Man braucht flexiblere Methoden und Techniken, um mit komplexen Aufgaben klarzukommen, aber sie können in Machtkontexten auch als Waffen benutzt werden: Tendenziell alle Problemlösungs-, Arbeits- und Entscheidungstechniken werden auch gebraucht, um Entscheidungen zu verwässern, zu verschleppen oder in eine bestimmte Richtung zu manipulieren.

Diesen Zusammenhang kann man nicht »verbessern«, sondern nur überwinden. Und die Überwindung ist gleichbedeutend mit einer *großen Abrüstung.*[34] Wenn Arbeitsprozesse geistkonform organisiert werden, braucht man nur ein paar

---

34 Hier gibt es eine auffällige und in der Verfremdung vielleicht hilfreiche Analogie zu psychotherapeutischen Verfahren (deren Erkenntnisse und Verfahren teilweise in die betriebliche Fortbildung eingegangen sind): Es gibt viele konkurrierende Verfahren, die sich nur oberflächlich unterscheiden, keinen weiteren Erkenntnis- oder Erfahrungsvorteil bieten und Klienten verwirren. Auch der Psychotherapie fehlt ein gemeinsames Modell von Geist, und auch hier wird einmal abgerüstet werden (müssen), wenn ein solches entwickelt wird.

Methoden, um 95 % aller Aufgaben und Probleme effektiv zu bearbeiten:

- Brainstorming,
- ein Muster für das Ordnen und Gewichten von Ideen und
- ein Muster für nicht-machtbestimmte Entscheidungsprozesse.

Welchen Vorteil geistkonforme Methoden bieten, läßt sich am Beispiel des Brainstorming verdeutlichen. Fast jeder kennt die Regeln und weiß, wie vorteilhaft sie sich auswirken können – und doch ist Brainstorming im Arbeitsalltag die Ausnahme von der Regel. Warum?

Die Brainstorming-Regeln – Kein Nein, keine Killerphrasen, andere ausreden lassen, auf den Assoziationen des/der anderen weiterassoziieren, alles aussprechen, auch scheinbar sinnloses etc. – sind vielen Menschen bekannt. Aber Brainstorming steht in Machtkontexten gleichsam quer, weil Machtkämpfe per Regel ausgeschlossen werden. Insofern *stört* Brainstorming in hierarchischen Arbeitsprozessen, weil damit alle Machtbeziehungen relativiert werden.

Die Brainstorming-Regeln beschreiben ein bestimmtes Verhaltensmuster, das auf die beiden anderen Dimensionen des »geistigen Raums« massive Auswirkungen hat: Vor allem durch das Nein-Verbot und das Zulassen von scheinbar sinnlosen Ideen werden normative Barrieren aus Assoziationsprozessen herausgenommen. Das wirkt wie eine Befreiung und verändert die Gefühle. In »normalen« Besprechungen halten sich Menschen mit kreativen Ideen ziemlich zurück – aus Angst, sie könnten sich blamieren oder »einen auf die Mütze kriegen«. Wenn aber »alles erlaubt ist«[35] und Menschen ihren fließenden

---

35 Das ist so oberflächlich nicht, wie es klingt: Der Erkenntnis- und Wissenschaftstheoretiker Paul Feyerabend hat gezeigt, daß sich Erkenntnisprozesse in kein Schema fügen und »Anything goes« zu einer (ironisch gemeinten) erkenntnistheoretischen Maxime gemacht. Siehe ders., Wider den Methodenzwang, Frankfurt 1986.

Assoziationen nachgehen, »springt« die Stimmung um: Die (verdeckten) Ängste weichen einer eher lockeren, manchmal fast fröhlichen Stimmung, in der Ideen nur so sprudeln. (Das kennen Sie doch, oder?) Man sieht: Verhaltensmuster und Gefühle funktionieren als Steuerungen, und eine gute Stimmung setzt gute Ideen frei. Es ist evident, daß nach diesem Muster organisierte, kreative Such- und Entdeckungsprozesse ein System wesentlich leistungsfähiger machen, vor allem, wenn sie durch machtfrei organisierte Entscheidungsprozesse ergänzt werden (wie im vorhergehenden Kapitel skizziert).

Das Muster »Brainstorming« läßt sich sehr schön chaostheoretisch interpretieren und ist insofern selbsterfahrungsrelevant. Mittels Brainstorming wird nämlich ein Ideen-Chaos geschaffen: Eine Idee gibt die andere und manchmal werden sie immer absurder, so daß ein Stau im Kopf entsteht und man den Durchblick verliert. Das scheint implizite Absicht, denn meist entspringt erst dem Chaos die neue Idee, die alle überrascht. Wobei über die »zündende Idee« ziemlich schnell Konsens herrscht: Sie wird spontan als solche identifiziert, und zwar (fast immer) von allen Beteiligten. Das heißt: Die Beteiligten haben ähnliche Muster im Kopf bzw. in den Köpfen der Beteiligten laufen Prozesse sehr ähnlicher Art bzw. mit sehr ähnlichen Inhalten ab.

Brainstorming als Beispiel (vielleicht sogar: Musterbeispiel) für geistkonform organisierte Prozesse ist ungemein lehrreich: Offensichtlich besteht ein Zusammenhang zwischen höherem Chaos und dem »Springen« von Ideen, was darauf hindeutet, daß hier ein Muster stecken könnte: »Höheres gedankliches Chaos – »Springen« von Ideen«. Aus dem derzeitigen gedanklichen und emotionalen »Chaos« in Unternehmen ist auch die Idee Organisations-Revolution entsprungen – und dies könnte ein weiterer Hinweis darauf sein, daß »Sprünge« dem menschlichen Geist offensichtlich auf allen Ebenen immanent sind. Wenn dem so ist, verliert das geistige Chaos fast jeden Schrecken: Dann können wir uns darauf *verlassen*, daß scheinbar ineffektive Situationen neue Ideen hervorbringen (können). (Schöne Aussichten, nicht wahr?)

Und wenn wir schon soviel über Brainstorming und Chaos und Vertrautheit wissen, müssen wir es nur um weniges ergänzen, um daraus ein komplexes, zusammenhängendes systematisch-methodisches Muster für effektive und befriedigende Arbeitsprozesse zu entwickeln. Um *optimal* arbeiten zu können, müssen Menschen außerdem

- *systemisch*, d. h. in Vernetzungen und Rückkopplungsschleifen denken (können), sie brauchen
- einen *Maßstab* als Orientierungs- und Entscheidungskriterium und, wahrscheinlich,
- geeignete Verfahren, um sich wechselseitig auch konfrontieren und mit den Wirkungen von *verinnerlichten Machtmustern auseinandersetzen* zu können.

Die einzelnen Teile sind fast alle bekannt. Systemtheorien oder systemisches Denken sind oft genug beschrieben worden, machtfreie Arbeits- und Entscheidungsmethoden habe ich im vorhergehenden Kapitel dargestellt und ein orientierender Maßstab ist in Abwandlung einer erkenntnistheoretischen Maxime auch schnell gefunden: *Die einfachere Organisation ist der komplexeren vorzuziehen.*[36] – Im Unterschied dazu müssen Verfahren zur Auseinandersetzung mit verinnerlichten Machtmustern entwickelt werden. (Wobei man ggf. auf gruppendynamische bzw. psychotherapeutische Techniken und Erfahrungen zurückgreifen kann.)

---

36 Die Maxime heißt: »Die einfachere Hypothese ist der komplexeren vorzuziehen«. Sie wurde von William von Occam formuliert (der als »William von Baskerville« in Umberto Ecos »Der Name der Rose« auftaucht) und wird auch »Occams Rasiermesser« genannt.

9.4 Stütz- und Service-Strukturen

Auch Netzwerke selbststeuernder Systeme brauchen Service-Strukturen, die als Teil des Netzwerks natürlich netzwerkartig organisiert sein müssen.
Was könnten solche Strukturen sein? Ein Teil der traditionellen Querschnittsfunktionen, also

- Verwaltungsdienste, Personal und Finanzen
- EDV und EDV-Operating,
- Reinigung, Instandhaltung und Wartung u. a. m.,

aber in neuem Selbstverständnis und in neuen Balancen mit den produktiven Bereichen. Stütz- und Service-Bereiche müssen sich ebenfalls netzwerkartig organisieren und ihre Kooperation mit den operativen Bereichen zusammen neu bestimmen. Die Schlüsselfrage bei der Neuverteilung der Aufgaben und Funktionen könnte lauten:

Was gehört sinnvollerweise in die Projekte/Bereich selbststeuernder Gruppen, was müßte zentralisiert bzw. als Stütz- und Service-Funktion organisiert sein?

Damit können, nebenbei bemerkt, längst überfällige Verwaltungs- und andere Vereinfachungen verwirklicht werden.

Mit diesem Konzept fällt, summa summarum, eine Reihe von »heiligen Kühen«: Die traditionellen Führungskonzepte veralten genauso wie Karrieremuster und -ansprüche, Kontrollverfahren und Absicherungsstrategien, bürokratische Schwerfälligkeiten und verschlungene Mitentscheidungsprozesse. Sie alle lassen sich aus der jetzt möglichen Distanz als kunstvolle Varianten von Machtprozessen erkennen. Dies alles und noch mehr wird kritisch betrachtet und – in der Perspektive geistkonformer Organisation – neu entwickelt werden müssen.

Last but not least ein Bild.

Die hierarchische Organisation ist wie eine Art Ritterrüstung für menschliche Beziehungen: Sie ist schwer, sitzt schlecht,

macht unbeweglich und wird von anderen angefertigt. Zwar haben kunstfertige Schmiede allerlei Verbesserungen ersonnen, Gelenke leichtgängiger gemacht, die Panzer besser gehärtet und die Ketten feiner gewirkt – aber es blieb doch immer eine schwere und unbeweglich machende Rüstung. (Es wird ja auch um Macht gekämpft, wozu die Ritter aufs Pferd gehoben werden müssen.) Netzwerke dagegen kommen eher in leichten Kleidern daher, flatternd und bequem, luftig und lustig, offen und beweglich. Man braucht keinen Schmied, um sie zu »verbessern«, sondern kann sie flicken, wenn sie gerissen sind, und wenn sie einem nicht mehr gefallen, kann man sie auftrennen, neu schneiden und selbst wieder zusammennähen.

Hierarchien, ernster gesagt, schaffen Abhängigkeiten über alle Ebenen hinweg – und brauchen Hilfskräfte und Berater. Alle, auch Top-Manager, verhalten sich abhängig und rückversichernd. Das bringt die Berater in Leistungszwang und das System in die undankbare Rolle, beweisen zu müssen, daß die Berater recht hatten (und das Geld gut ausgegeben war).

In Netzwerken tun sich Menschen einerseits vielleicht schwerer, andererseits aber auch leichter. Sie tun sich vielleicht schwerer, weil sie sich nicht rückversichern können. Aber sie tun sich leichter, weil sie niemandem etwas beweisen müssen und ihre Fehler korrigieren können.

Dies führt zu den tiefsten persönlichen Schichten, auf denen sich Netzwerke von Hierarchien unterscheiden: dem Selbstbild der Individuen. Menschen können sich nicht nicht als Selbst betrachten, aber sie können höchst unterschiedliche Selbstbilder entwickeln, in denen letztlich eine Dimension entscheidend ist:

Abhängigkeit und Autonomie.

Das autonome Selbstbild seinerseits ist keine Erfindung, die man willkürlich ablehnen oder annehmen könnte; sie ist im menschlichen Geist selbst begründet. Und hier liegt denn auch das letzte »Erfolgs«geheimnis des Konzepts: Das Konzept »Netzwerke selbststeuernder Gruppen« ist nicht nur geist-konform und gehirn-analog, sondern letztlich in der Evolution begründet und insofern auch evolutionskonform.

10. Entscheidungen und Kippbilder:
Zur Logik der Sicherheit in Veränderungsprozessen

Die geschilderte Situation hat sich ungeplant, lange Zeit unbemerkt und ohne bewußte Entscheidungen entwickelt – *für einen »Sprung« aber muß man sich entscheiden*. Doch nur wenige werden den Übergang *jetzt* organisieren wollen und können. Das gilt für Individuen oder Unternehmen, die sich alle auf der gedachten Entwicklungslinie lokalisieren lassen:

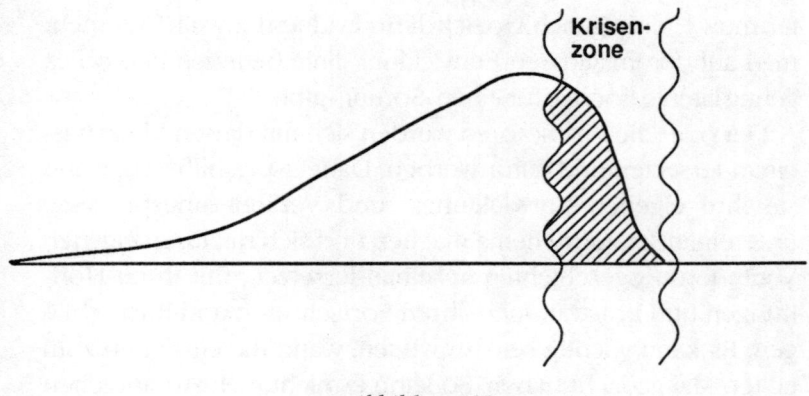

Abbildung 18

Der Begriff »Entscheiden« suggeriert einen einmaligen Akt, ist aber nicht so gemeint. Ich werde zwei Aspekte der Entscheidungsprozesse diskutieren: Mögliche Verlaufsformen (Wie könnte ein solcher Prozeß ablaufen?) und den »kritischen Punkt« in allen Entscheidungen, der sich auch als »Sprung« darstellt, den Übergang von (engagierten) Diskussionen zu Identifikation. Und wie geht's los?

10.1 Startprozesse

Ich möchte – zugegebenermaßen mit einiger Phantasie – den kurzen Zeitraum »vor dem Sprung« analysieren und frage: Wie kommen neue Ideen in ein System und was wird, was kann da passieren?

Neue Ideen werden vielleicht durch einen einzelnen, vielleicht zeitgleich durch mehrere in ein System eingebracht. Dieser einzelne oder diese Gruppe werden zum ersten Kristallisationskern und zum Promotor der Ideen – und damit beginnen Selbstorganisations- und Selbststeuerungsprozesse, die man genau beobachten muß: Hier zeigt sich, wo sich die Individuen bzw. ein Unternehmen auf der imaginären Entwicklungslinie befinden und ob es genug latente Energie für einen »Sprung« gibt.

Der oder die Promotoren werden sich mit diesen Ideen auseinandersetzen und dafür werben. Dabei ist es hilfreich, wenn sie ihre eigenen Entwicklungs- und Veränderungsprozesse untereinander zum Thema machen und sich mit ihren eigenen Veränderungsgeschichten auseinandersetzen, mit ihren Hoffnungen und Frustrationen, ihren Fortschritten und Rückschlägen. Es kann wichtig sein zu wissen, wann die einzelnen zum ersten Mal gedacht haben: So kann es nicht mehr weitergehen und eigentlich müßte alles anders werden ... Es ist wichtig zu wissen, ob sie auch schon über einen »Sprung« nachgedacht haben und sie können sich, um Vergleichsprozesse zu finden, fragen, ob sie in ihrem Leben schon einmal »gesprungen« sind (in eine neue Beziehung vielleicht oder in einen neuen Job, vielleicht auch weg von etwas). Es ist nützlich, sich nachträglich damit auseinanderzusetzen, wie es einem dabei ging und wie man sich vorher und nachher fühlte. Und es ist hilfreich, sich mit dem/den Auslöser(n) auseinanderzusetzen, die letztlich Mut gemacht haben, zu »springen«.

Die Auseinandersetzung mit Vergleichsprozessen hilft, die augenblickliche Situation für sich und andere aufzuhellen und sich ggf. in andere hineinversetzen zu können. Dies wird immer wieder nötig sein, weil sich (meist mehrfach) Fragen stellen: Sind Sie und andere entschieden? Wollen Sie, wollen andere springen? Oder brauchen Sie oder andere noch einen Auslöser? Was könnte Ihnen bzw. anderen jetzt Mut machen zu »springen«? Es gibt viele Pros und Contras, und was für Sie Pro oder Contra ist, muß es nicht für andere sein. Sie müssen sich mit Ihren Motivationen auseinandersetzen und Ihre Sicht von sich und der Situation mit anderen besprechen. Es wird wahrscheinlich Verzögerungen und Rückschläge geben, doch irgendwann werden die Prozesse sich verselbständigen und Eigendynamiken entwickeln. (Das Argument ist eine Variante des Schmetterlings-Effekts, der sich auch auf soziale Systeme übertragen läßt.)

10.2 Die Auseinandersetzung in und mit dem Top-Management

Wenn die vorliegende Theorie richtig ist, wird jedes Unternehmen an den endgültigen Verzweigungspunkt kommen, wo sich entscheidet: Kollaps oder »Sprung«. Spätestens dann muß sich das Top-Management mit der Drift im System (und diesen Ideen) auseinandersetzen. Das Top-Management hätte, wenn die naive Machttheorie stimmt, am meisten zu »verlieren« und müßte am konservativsten sein. Ist dem so und wie könnten Veränderungsprozesse im bzw. mit dem Top-Management verlaufen?

Erstens ist zu vermuten, daß das Top-Management nicht die erste Gruppe sein wird, die sich mit dem »Sprung« auseinandersetzt. Zweitens darf man annehmen, daß das Top-Management (ganz gleich welcher Institution) Machtverteidigungsinteressen hat und den »Sprung« nicht nur, aber auch als Machtverlust erleben bzw. codieren wird. Drittens muß man annehmen, daß kein Unternehmen »springt«, wenn die Spitze nicht zustimmt bzw. mitmacht.

Wenn das Problem das Top-Management eines Unternehmens berührt, ist es im Zentrum des Zyklons: Hier fällt, gemessen an der heutigen Machtverteilung, die Schlüsselentscheidung. Sie betrifft nicht so sehr »das Unternehmen«, sondern das Top-Management selbst: Die Mitglieder müssen sich, ihre eigenen Rollen und Funktionen neu definieren. Das ist ein Prozeß von ganz besonderer Art.

Im Top-Management konzentrieren sich die Ambivalenzen der derzeitigen Organisationssituation am klarsten, bleiben aber latent. Zwar oszillieren auch Top-Manager zwischen »der Hierarchie« und den neuen Modellen, noch aber können sie das Problem und die Konflikte nach unten delegieren. Das ändert sich in dem Moment, in dem sich das Top-Management mit den laufenden Veränderungen auseinandersetzen muß. Dann werden sich die Ambivalenzen »der Organisation« sehr schnell im Top-Management kristallisieren und hier ihre vielleicht klarste und höchste Ausprägung erfahren. Es liegt auf der Hand, daß dies mit dem großen Entscheidungsdruck zu tun hat, unter dem das Top-Management steht.

Die Top-Manager können vor den eskalierenden Ambivalenzen und Konflikten nicht weglaufen. Sie müssen sie aushalten und sie müssen entscheiden. Sie können sich in einem sehr zugespitzten Sinne nicht nicht entscheiden und was immer sie tun – sie stehen unter der besonders aufmerksamen Beobachtung *aller* Mitarbeiter.

Es spricht einiges dafür, daß das Top-Management in dieser

Situation, auf die es weder gedanklich-theoretisch noch emotional ausreichend vorbereitet ist, mit dem Muster reagiert »Wir müssen entscheiden, wir tragen die Verantwortung« – und sich damit überfordern würde. Es geht nämlich gar nicht um die Entscheidung: »Sprung« oder nicht, sondern darum, die existenziellen Übergangsprozesse zu verstehen und zu organisieren, die alle betreffen.

Normalerweise spalten sich Menschen in solchen Situationen, übernehmen die Rollen »Konservative« und »Progressive« und verwickeln sich in Kämpfe, in denen es um Recht-behalten, Sich-durchsetzen und Gewinnen geht. Dann fahren sich Veränderungsprozesse in Positionskämpfen fest.

Um sich selbst zu überzeugen und entscheiden zu können, dürfen Menschen sich nicht spalten. De facto verkörpert jedes Individuum konservative und progressive Tendenzen, die unterschiedlich stark sind und oft von kaum bewußten Motiven gespeist werden. Es kommt deshalb darauf an, daß jeder Manager seine Tendenzen »zum schwingen« bringt und für die anderen transparent macht. So verfällt man nicht in Kämpfe und so kann sich jeder Manager mit der Frage auseinandersetzen, wie sich die *eigene* Rolle verändern würde bzw. wie der einzelne sich und die Rolle des Top-Managements verändern *möchte*, wenn Netzwerk-Strukturen verwirklicht werden.

Dies impliziert, daß die Entscheidung selbstgesteuert organisiert werden muß. Das Top-Management muß sich als selbststeuernde Gruppe und Teil des Netzwerks definieren und am eigenen Geist erfahren, was ihre Mitarbeiter

- erstens an Vorleistungen erbracht bzw. an latenten Veränderungsenergien entwickelt haben und was sie
- zweitens ihren Mitarbeitern mit ihrer Entscheidung zumuten bzw. abverlangen.

Das Top-Management handelt hier stellvertretend und modellbildend. Es bildet die Tendenzen des Systems ab, und was hier passiert, wird sich herumsprechen. Es liegt auf der Hand, daß die Glaubwürdigkeit dieser Entscheidung von größter Bedeutung ist, und daß die Mitarbeiter sehr kritisch wägen und messen werden, ob das Ende der Machtspiele gekommen ist.

Es wird erwartbar zähe Auseinandersetzungen und Rückfälle geben und gerade Manager werden (sich) immer wieder fragen: Paßt das fürs Unternehmen? Diese Frage wird häufig als Vorwand benutzt werden, hinter dem die eigenen Absichten und/oder Unsicherheiten verborgen werden. Was dem Unternehmen nützt, wissen Top-Manager nicht allein und sie entscheiden auch nicht allein. Da die Frage – Was ist gut für das Unternehmen? – oft dogmatisch und kontrovers diskutiert wird, scheint es sinnvoller, wenn sich das Top-Management ein Bild der Veränderungsprozesse im Unternehmen erarbeitet und die Frage, was »gut« sei, durch Verifikationsprozesse ersetzt.

In diesen gemeinsamen Lernprozessen wird – zum Teil ungewollt, zum Teil bewußt – eine neue Sensibilität für die Bedeutung von Prämissen in sozialen Prozessen entwickelt werden. Der Fisch, sagt ein Sprichwort, stinkt vom Kopf her, was hier bedeutet: Soziale Prozesse können nicht klarer sein als ihre Prämissen. Oder, umgekehrt: Alle Unklarheiten bzw. Widersprüchlichkeiten der Ausgangssituation werden mitgeschleppt und kehren später – aber an ganz anderen Stellen und vor allem: verzerrt – wieder. (Ich halte es deshalb für eine der wichtigsten Fähigkeiten, prüfen zu können, ob die Prämissen sozialer Prozesse klar und widerspruchsfrei sind.)

»Entscheidung« ist also kein Willkürakt, sondern ein Prozeß zunehmenden Wissens, in dem es von einem bestimmten Punkt an kein Zurück mehr gibt (die Evolution von Ideen läuft nie rückwärts!).

10.3 Kipp-Prozesse

In allen Veränderungsprozessen gibt es eine spezifische Logik des Schwankens, die man am intensivsten in Entscheidungsphasen erlebt und mit Kippbildern illustrieren kann.[37]

Abbildung 19

---

[37] Naiverweise nehmen Sie an, daß Sie dieses Bild bzw. eine Frau »sehen« – tatsächlich aber ist es konstruiert. Das können Sie hier schön überprüfen, weil »das Bild« *zwei* »Frauen« »enthält«, die normalerweise als »alte Frau« und »junge Frau« beschrieben werden. Es ist ein Kippbild, und aller Wahrscheinlichkeit nach haben Sie zuerst nur eine der beiden entdeckt. Vielleicht entdecken Sie nach einer Weile auch die andere, vielleicht hilft Ihnen jemand dabei. (Wenn Sie beide einmal erkannt haben, können Sie mit ein wenig Übung zwischen beiden Bedeutungen hin und her kippen.)

Auch wenn Sie dieses Bild schon kennen: Ich wollte Ihnen das Bild und den Prozeß zeigen, damit sie ihn auf sich selbst anwenden können. Zum Beispiel auf Ihr Schwanken zwischen den verinnerlichten hierarchischen Mustern und dem »Sprung« in Netzwerke. Was Sie da erleb(t)en, wird sich noch mehrfach wiederholen und sich phasenweise vielleicht noch steigern. Da ist es von Vorteil, wenn man die Logik von Kippprozessen etwas distanzierter betrachten kann.

Kipp-Prozesse sind ein »Teil« von Veränderungsprozessen 2. Ordnung. Am Anfang kann man sich Netzwerke kaum vorstellen und fragt sich: Wie soll das wohl funktionieren? (Sie auch?) Wenn Sie sich aber länger und interessierter mit dem Problem auseinandersetzen, wird in Ihrem Kopf bald ein *Bild* entstehen, *Ihre* Vorstellung von Netzwerken. Dann beginnen Kippprozesse, die sich auf die Wahrnehmung und Interpretation von Situationen beziehen, die Sie gerade erleben oder erlebt haben: *Sie werden die gleiche Situation unterschiedlich interpretieren (können).*

Das Kippen kann sich noch einmal steigern, wenn die Entscheidung näherrückt. Erfahrungsgemäß vergrößern sich dann (bei mir) die Unsicherheiten kurzfristig, und Schwankungskurven schwingen wild hin und her. Das ist mir an diesem Bild klar geworden. Nachdem ich eine Weile mit selbststeuernden Gruppen experimentiert hatte, sah ich es zufällig an einer Pinnwand. Ich kannte es schon seit zwanzig Jahren – habe es aber in dieser Situation zum ersten mal (!) spontan *auf mich* und meine Wahrnehmungs- und Interpretationsprozesse angewendet: Mir war schlagartig klar, daß ich zwischen zwei »Welten« hin und her kippte. Die alte, machtbestimmte Welt mit ihren Zwängen ist in mir (ich habe die Muster auch verinnerlicht), distanzierter zwar, aber sie bestimmt zum Teil noch mein Denken, Fühlen und Verhalten (manchmal mehr, als mir lieb ist). Gleichzeitig aber wurde das Neue – selbststeuernde Gruppen und Netzwerke – immer klarer und sicherer.

Eben noch bin ich die alte Ordnung – und dann kippt das Bild und ich sehe die andere.

Ihnen wird es vermutlich einmal ähnlich gehen, weil es, etwas pathetisch ausgedrückt, in der Natur des Prozesses liegt. Das verunsichert anfänglich, aber die Chaosforschung hat uns gelehrt, daß chaotische Zustände Veränderungen vorausgehen bzw. daß Veränderungsprozesse phasenweise chaotisch verlaufen. Das mag ein wenig trösten und Sicherheit geben, weil man weiß: Es ist ein Teil des Ganzen.

Sie werden wahrscheinlich nach der Entscheidung für einen Organisations»sprung« eine weitere Form von Kipp-Prozessen erleben: Es wird ein eindeutiges *vor* und *nach* der Entscheidung geben. Viele Einwände, die Sie *vorher* hatten, verwandeln sich *nachher* (fast wunderbarerweise) in (relativ) leicht lösbare Probleme oder sogar in Veränderungsverstärker, und manche Kollegen, die Sie vorher für unsichere Kantonisten oder gar für Gegner des Projekts gehalten haben, werden sich nachher eher als Partner entpuppen – und umgekehrt. Mit beidem muß man rechnen – und wenn es dann so sein wird, wird auch diese Erfahrung Sie sicherer machen.

Die Auseinandersetzung mit solchen Kipp-Prozessen ist ein eindrucksvolles Beispiel für das Verhältnis von Kontext und Inhalt: Einzelne Ereignisse – ein Argument, das Verhalten eines Menschen – bekommen ihre Bedeutung und ihr Gewicht durch den umfassenderen Kontext. Deshalb verändern sich Bedeutung und Gewicht eines Ereignisses, wenn der umfassendere Wahrnehmungs- und Interpretationskontext verändert wird. Die Entscheidung für einen »Sprung« ist eine solche Kontextveränderung und deshalb haben einzelne Ereignisse oder Verhaltensweisen *nachher* eine andere Bedeutung als *vorher*. Die veränderte Wahrnehmung hat hier also nichts mit Opportunismus zu tun, sondern liegt im Veränderungsprozeß selbst. Man kann auch sagen: Das ist Lernen.

10.4 Der »Sprung«: Identifikation

Die beschriebenen Prozesse vollziehen sich fast alle in der Phase vor einer Entscheidung. Sie verlaufen, trotz aller mitschwingenden Gefühle, hauptsächlich im kognitiven Bereich des Geistes: Man kann Konzepte wie dieses lang und ausgiebig diskutieren – und sie sich doch relativ weit vom Leib halten. Man kann Konzepte kognitiv verstehen – und sie doch weit distanzieren. Das haben Menschen, die in einer wissenschaftlichen Kultur leben, gelernt. – Der Preis ist bekannt: So bleibt ein Konzept folgenlos. Als nur kognitives Konzept ist es tot. Ein Konzept wird erst lebendig, wenn man es sich zu eigen macht und sich damit identifiziert.

Der Übergang von (wesentlich) kognitiven Auseinandersetzungen zu »sich identifizieren ...« bedeutet eine Art »Sprung«, der nicht nur ein anderes Verhalten nach außen, sondern auch innere Prozesse auslöst.

Wie wichtig der Wechsel ist, habe ich in meinen Entwicklungsprozessen erfahren. Meine Ideen wurden zunehmend konkreter, doch die Freunde und Kollegen, mit denen ich diskutierte, blieben in Distanz. Es war deutlich spürbar, daß sie die Ideen noch nicht zu ihren eigenen gemacht hatten und eher zitierten, als selbst weiterentwickelten.

Das änderte sich in einer – im nachhinein betrachtet – subtil versteckten, aber erkennbaren Interaktion. Entscheidend war wohl, daß sich meine Unklarheiten im Konzept auflösten. Fast im gleichen Atemzug konstellierten sich neue Interessen, die Auseinandersetzungen um die Ideen bekamen eine andere Dynamik – und meine Freunde konnten sich mit den Ideen identifizieren. Die »Gründung« unseres Netzwerks war dann nur noch die leicht vollzogene Konsequenz. Was ist hier passiert?

Man kann mit einem Konzept dieses Bedeutungsanspruchs erst dann offensiv arbeiten, wenn man sich damit identifiziert.

Erst wenn man sich diese Theorie zu eigen macht und neue eigene innere Ordnung akzeptiert, kann man sie »der Welt« entgegenhalten, kann man »die Welt« damit interpretieren und das eigene Handeln strukturieren. Damit verändert sich das Gedankengerüst: Es wird differenzierter, es wird komplexer, es wird sich weiterentwickeln und selbstverständlicher werden, und zwar in einer doppelten Bedeutung: Die Theorie wird dem Selbst verständlicher, das damit arbeitet, und da die Theorie immer an Selbsterfahrung gekoppelt wird, lernt das Selbst zugleich etwas über sich und wird sich selbst transparenter bzw. verständlicher.

Sich identifizieren ... heißt also nicht: nachbeten, glauben, Jünger werden. Darauf hinzuweisen ist wichtig, weil der Anspruch des Konzepts in vielen Diskussionen Assoziationen von Abhängigkeit und Guru-Jünger-Verhältnissen auslöste. Diese Assoziationen, scheint es, werden aber nur diskutiert, wenn man sich nicht mit dem Konzept identifizieren will.

Dieses Argument bietet einem Einwand die offene Flanke: Wer sich identifiziert, hat seine Abhängigkeit akzeptiert. Das mag in vielen Kontexten so sein, aber nicht in allen. Wenn ein Techniker ein neues Verfahren entwickelt, das besser als bisherige ist, und andere dies übernehmen, nennen wir sie nicht abhängig. Wir akzeptieren, daß sie sich am wissenschaftlich-technischen Fortschritt orientieren und nicht dogmatisch am Althergebrachten festhalten.

Um was also geht es hier? Steckt in der Identifikation mit diesem Konzept ein neues Verhalten oder doch das alte Abhängigkeitsmuster? Wenn letzteres der Fall wäre, sind die Hoffnungen auf machtfreie Beziehungen Illusion und wir haben keine Alternative zur Hierarchie entdeckt.

Jeder weiß, daß es einen himmelweiten Unterschied gibt zwischen abhängigem Glauben auf der einen und Sich-identifizieren und sich eine Idee zu-eigen-machen auf der anderen Seite – und zwischen diesen beiden Akzeptanzformen auch und gerade in so existenziellen Fragen unterscheiden zu können, ist die überzeugendste Demonstration für Autonomie. Dies wiederum ist die entscheidende Bedingung für das Gelingen des »Sprungs«, weil nur dann die Unbefangenheit und Kreativität freigesetzt werden, die man braucht, um abzurüsten und Neues zu designen.

11. Abrüsten und Neues designen ...

Die Lern- und Veränderungsprozesse in und mit dem Management sind gleichsam die Wiederholung der Auseinandersetzungen und Lernprozesse in der Promotorengruppe, und die Auseinandersetzungen und Lernprozesse im Gesamtsystem sind teilweise eine Wiederholung der Prozesse in und mit dem Management. Die Lernprozesse in den unterschiedlichen Gruppen sind selbstähnlich: Sie haben einen Teil, der allen gemeinsam ist und einen je besonderen, für diese und nur diese Gruppe oder dieses System spezifischen Teil. Mithin wiederholt sich nach der Entscheidung für einen »Sprung« ein Teil der Lern- und Veränderungsprozesse aus dem kurzen Zeitraum vor dem »Sprung«. Also schließt sich die Frage an: Was kommt jetzt Neues dazu?

11.1 Abrüsten ...

Wenn Erwachsene etwas Neues lernen wollen, müssen sie fast immer etwas ver-lernen. Wenn man aber neue Organisationsmuster und -prozesse designen will, muß man kräftig abrüsten. Der Begriff »abrüsten« ist mit Bedacht gewählt und die Assoziation an politisch-militärische Abrüstungsprozesse gewollt: Die Prozesse sind vermutlich ähnlich, und politische

Abrüstungsverhandlungen werden erst erfolgreich sein, wenn Menschen zuvor gedanklich und emotional abrüsten.

Die hierarchische Organisation ist zutiefst verinnerlicht; das drückt sich primär in der Kästchen-Struktur »im Kopf« und im Blicken auf die nächsthöheren Vorgesetzten aus. Kästchen stehen nicht im Organigramm; da sind sie harmlos. Sie sind im Kopf bzw. genauer: in den Gefühlen. In hierarchischen Systemen blicken Menschen qua ihrer verinnerlichten Muster unwillkürlich auf Vorgesetzte, erwarten Führung und zerbrechen sich den Kopf über die Frage, was die Vorgesetzten eigentlich wollen und wie man sich ihnen gegenüber wohl am geschicktesten verhalten solle. Mitarbeiter werden nicht selbst aktiv, übernehmen von selbst wenig Verantwortung, orientieren sich an Prozeduren, die nicht die eigenen sind, halten sich an formalisierte Kommunikationswege, horten Berge von Papier (das niemand versteht, weil niemand die Zeit hat, es wirklich zu lesen) und so weiter.

Die Verinnerlichungen sind die emotionale Grundlage der Hierarchie, die von »außen«, d. h. von den Erwartungen und dem Verhalten der anderen Organisationsmitglieder, in der Regel bestätigt werden. Wenn man also abrüsten will, müssen tendenziell alle Mitgleider eines Unternehmens in die Abrüstungsdiskussionen einbezogen werden. Das heißt: Sie müssen legitimiert und offen und öffentlich geführt werden. Dann kann die verdinglichte Struktur eines Unternehmens distanziert und abgerüstet werden, die sich meist so darstellt:

    Vorstand
     Geschäftsbereiche
     Fachbereiche
      Hauptabteilungen
      Abteilungen
       Gruppen und
        einzelne Stellen

(wie immer die hierarchischen Ebenen auch heißen und wieviele es auch sein mögen).

Als nächstes werden alle Beziehungsformalisierungen abgerüstet, an denen die hierarchische Ordnung so reich ist. Dazu gehören Führungsorganisationen und Führungsregeln, Beurteilungssysteme und Regelkommunikationen, standardisierte Förder- und andere Gespräche, auch formalisierte Projektmanagement-Systeme und was es sonst noch alles gibt.

Dann werden – und hier wird es für viele schon etwas »härter« – viele Kontrollsysteme abgerüstet werden. Da die operativen Einheiten weitgehend autonom sind, also auch ein eigenes Budget haben (müssen!), muß das Finanzwesen umorganisiert werden. Dabei wird die Kontrollfrage im Zentrum stehen.

Im Zuge der allgemeinen Abrüstung können schließlich und endlich längst überfällige Verwaltungsvereinfachungen verwirklicht werden. Es gibt – mit Sicherheit – hunderte von Ideen dazu, die sich im allgemeinen Kontroll- und Machtwahn nie würden verwirklichen lassen.

Also: Distanzieren, aufgeben, loslassen, zerschlagen, auch wenn es »unmöglich« erscheint.... Das zieht unweigerlich Verunsicherungen nach sich, aber man kann etwas Altes nur loswerden und aktiv überwinden, wenn es verunsichert wird ...

Verunsicherung kann sehr unterschiedlich erlebt werden.

Es ist ein Unterschied, ob etwas überraschend zusammenbricht und man darob verunsichert wird, oder ob man wissentlich und willentlich etwas beendet, ohne eine sichere neue Lösung zu haben. Im ersten Fall heißt Verunsicherung (unangenehme) Überraschung und Hilflosigkeit, im Extremfall Panik, während Verunsicherung im zweiten Fall Durchgang heißt. Im ersten Fall löst Verunsicherung eher Schmerz aus und das Gefühl, sich geirrt zu haben (und also Zweifel am eigenen Wissen und Können), während Verunsicherung im zweiten Fall auch mit Hoffnungen vermischt ist und zu neuen, kreativen Lösungen führen, auf die man nie kommen würde, würde man an alten »Sicherheiten« festhalten.

Man sieht: Wenn man etwas Neues machen und eine andere Organisation entwickeln will, muß der kognitive Ballast abgerüstet werden, damit die Menschen die Köpfe und die Herzen »frei« bekommen. Deshalb ist abrüsten eine eigene Tätigkeit und ein wichtiger Teil in der Selbstverständnisdiskussion eines Unternehmens.

11.2 Veränderungen designen

Die Abrüstungsprozesse sind Voraussetzung dafür, Neues designen zu können. Neudesign hat drei inhaltliche Schwerpunkte:

1. Das Herausarbeiten der *latenten* Veränderungspotentiale,
2. das Herausarbeiten der Veränderungen in den Umwelten des Unternehmens und
3. die Entwicklung einer Vision: »Wo wollen wir am Tag X *organisatorisch* sein und woran würden wir dies merken?«

Zu Punkt 1:
Latente Veränderungspotentiale kann man erfassen und ungefähr bestimmen, wenn man die laufenden Veränderungen in den letzten fünf Jahren zu einer Synopse zusammenfaßt:

- Welche Projekte/Prozesse gab es bzw. gibt es?
- Wie weit sind sie gekommen (in Planung, am Anfang, mitten drin, abgeschlossen)?
- Welche sind gescheitert, wie und warum? (Eine wichtige Frage, weil man aus den Gründen des Scheiterns lernen kann.)
- Welche waren erfolgreich und woran haben wir dies bemerkt?

- Wurden unerwartete Neben- oder Fernwirkungen festgestellt? Welche?
- Wieweit wurden die angestrebten Veränderungen erreicht?
- Waren sie dauerhaft oder wurden sie im Alltag neutralisiert?
- und andere mehr.

Der Zweck ist, latente Veränderungspotentiale ungefähr abschätzen zu können und Übersicht zu schaffen, um entscheiden zu können, welche Projekte weitergeführt werden sollen/müssen und welche nicht. Analog dazu muß man fragen:

- Wo wird »die Hierarchie« besonders verteidigt?
- Wo werden Veränderungsprozesse nachhaltig abgeblockt oder erschwert?
- Wo ist das Klima besonders kritisch?
- Und wie ist die tendenzielle Stimmung der Mitarbeiter: zurück zur Hierarchie oder weitergehen?

Dann gibt es in wahrscheinlich allen größeren Unternehmen ein verdecktes Thema, die Nicht-Aufarbeitung von vorhandenen Erfahrungen. Es gibt fast immer Erfahrungsberichte und andere Evaluationen von Projekten und anderen Maßnahmen, die meist nicht konsequent ausgewertet wurden. Unter der Prämisse »Übergang zu Netzwerken« lohnt es sich, solche Berichte noch einmal durchzugehen, um bereits vorhandenes Wissen aufzuarbeiten.

Diese Analysen/Klärungen müssen unternehmensweit angestellt werden, auf allen Hierarchieebenen bzw. in allen bislang bestehenden Organisationseinheiten, in allen Abteilungen, Fach- und Geschäftsbereichen, Projekten oder Projektgruppen, Profit-Centers oder was immer es an Einheiten gibt.

Wenn man diese Bilanzen zusammenfaßt, kann man ermessen, wie groß das *latente* Veränderungspotential ungefähr ist.

Zu Punkt 2:
Die zweite Bestandsanalyse bezieht sich auf die Umwelten eines Unternehmens. Es geht nicht nur um Konkurrenten und Märkte, sondern auch um gesellschaftliche Umwelten: Es gilt, Tempo und Richtung gesellschaftlicher bzw. globaler Veränderungsprozesse möglichst frühzeitig zu erfassen.
Diese werden innerbetrieblich abgebildet. Unternehmen stehen ja nicht in einem sozialfreien Raum und Mitarbeiter geben ihre Identität und ihr Wissen nicht am Werkstor ab. Die gesellschaftlichen Orientierungen der Mitarbeiter könnten in diesem Sinne als eine Art Entwicklungs-Seismograph genutzt werden, um gesellschaftliche Veränderungsprozesse möglichst frühzeitig zu erfassen und sich darauf einstellen zu können.
Das ist ein Aspekt meines Lieblingsthemas. Ich denke, daß Menschen sehr viel über die nähere Zukunft wissen, dieses latente Wissen aber aus Gründen, die in den Strukturen unserer Selbst- und Weltbilder liegen, nicht abfragen: Es gibt kaum geeignete Verfahren, solches Wissen zu organisieren. Es wäre aber von Vorteil, weil man dann Entwicklungen besser planen und steuern kann. (Als Beispiel kann die Umweltdebatte dienen; sie zeigt, wie sich innerhalb von Jahren ganze Einstellungskomplexe verändern und wie diese Veränderungen in Unternehmen hineinwirken.)

Zu Punkt 3:
Das alles soll schließlich in eine Vision münden:

> Wo wollen wir am Tag X *organisatorisch* sein,
> und wie können wir dies überprüfen?
> Und wie setzt man einen solchen Prozeß in Gang?

Ich nehme an, daß die neue Struktur nur auf der operativen Ebene entstehen kann und daß es dazu vermutlich nur einen Weg gibt: Die Menschen auf der operativen Ebene müssen sich darüber einigen, wie selbststeuernde Systeme als Basis der Netzwerke abgegrenzt und vernetzt werden müssen.

Die Diskussionen um diese Struktur werden vermutlich einige Zeit brauchen und (je nach Entwicklungsstand der Gruppen) auch nicht ohne Schwierigkeiten ablaufen, weil jetzt alle latenten Organisationsvorstellungen (vermutlich nach und nach) hochkommen und diskutiert werden müssen.

Gerade deshalb ist dieser Prozeß ungemein wichtig und gleichsam die Probe aufs Exempel: Hier muß sich zeigen, daß die Prämissen der ganzen Konstruktion tragen und daß Menschen fähig sind, sich optimale Organisationsformen für ihre Arbeitprozesse zu geben.

Dabei ist das Ziel wichtig: Es wäre unsinnig, im ersten Anlauf eine »perfekte« Organisation entwickeln zu wollen (falls so etwas überhaupt möglich wäre). Es ist viel sinnvoller, sich mit einem Arbeitskonsens zufriedenzugeben, um neue Erfahrungen machen und die neuen Muster nach einer zu vereinbarenden Zeit überprüfen zu können. Dann, so steht zu vermuten, werden die operativen Einheiten und ihre Vernetzungen sowieso weiterentwickelt.

Die Mitglieder eines sich selbst transformierenden Systems müssen sich (vermutlich ziemlich häufig) fragen: Wo stehen wir jetzt? Was haben die bisherigen Prozesse ausgelöst? Welche Dynamiken leben wir bzw. in welchen stecken wir drin? Wie sind unsere Vermutungen und Wünsche für die nächste Zeit (Tage, Wochen, Monate)? Welche Belastungen haben die Veränderungen mit sich gebracht und wie gehen wir damit um? Wie ist die Stimmung? und so weiter.

Hier hat das »Schleifenmodell« zugleich die Funktion, an Stelle von instrumentellem Verhalten diskursives einzuüben. In den Abrüstungsprozessen geht nämlich auch eine *instrumentelle* Einstellung über Bord: In den bisherigen Modellen manipulieren sich Menschen gegenseitig, um etwas zu erreichen ... Das belastet Beziehungen und Prozesse, weil Menschen sich gegen das Modell, das sie selbst praktizieren, zugleich wehren.

Das alles klingt wie »viel Arbeit« und ist es meist auch; umsonst sind Intelligenzsteigerungen und Qualifizierungseffekte nicht zu haben. Es ist evident, daß »... die gleichzeitige Beteiligung vieler Experten an einer Aufgabe ... Kooperationsprobleme auf(wirft), die schwieriger zu lösen sind als die Aufgabe selber« (aus einem Arbeitspapier der ehemaligen Planungsakademie Quickborn)- und daß sie dauerhaft nur gelöst werden können, wenn Menschen ihre Kooperationsprozesse als integralen Teil der Aufgabe betrachten und insofern ernster nehmen als bisher.

11.3 Startszenarien

Dies alles sind bereits Verwirklichungsprozesse und bis jetzt habe ich so getan, als würde sich ein Unternehmen, ein gesamtes System auf einen Schlag verändern. Es lassen sich aber mehrere Startszenarien denken, die freilich alle den »Sprung« als Zielvorstellung enthalten.

Die erste Möglichkeit könnte ein Kostenreduktionsprogramm sein, weil es viele Unternehmen hier am meisten drückt und weil der Erfolg der organisatorischen Maßnahmen am deutlichsten identifizierbar ist. Kostenreduktionsprogramme sind aber, nicht zu vergessen, keine einmaligen Aktionen, sondern eher eine Art »Trojanisches Pferd«: Die organisatorischen Erfahrungen, die hier gemacht werden, arbeiten weiter und drängen nach »mehr«.

Ein zweiter Einstieg könnten gut abgegrenzte (bzw. gut abgrenzbare) Teilbereiche eines Unternehmens sein (beispielsweise eine neue Fabrik), die gleichsam als Testfeld dienen. Dabei ist nur zu beachten, daß es immer Schnittstellenprobleme mit den übrigen Unternehmenseinheiten gibt.

Eine dritte Variante ist an ein neues, konsequent ökologiekonformes (komplexes) Produkt gekoppelt, für das eine geistkonforme Entwicklungsorganisation geschaffen wird, die wiederum Modell und Ausgangsbasis für eine geistkonforme Produktionsorganisation ist. Ein solches Produkt braucht zudem neue Marketingkonzepte und verändert wahrscheinlich das Image eines Unternehmens. Dieses ganze Paket – Produkt, Entwicklungs- und Produktionsorganisation, Marketingkonzept und Image – kann von der ersten Idee an als Einheit entwickelt werden, wobei die Vorteile geistkonformer Organisation systematisch zum Tragen kommen.

Eine vierte Variante ließe sich um den Komplex »Rüstungskonversion« entwickeln. Über kurz oder lang werden in der Rüstungsindustrie zunehmend mehr Menschen freigesetzt, die sich neue Arbeit schaffen müssen. Da die traditionellen Märkte besetzt sind und sich bislang kaum Möglichkeiten für sinnvolle Konversionen finden lassen, müßten hier am radikalsten neue Kombinationen von Produkt, Unternehmensform, Organisationsprozessen, Marketing und Image entwickelt werden.

Diese Prozesse werden Freisetzungen mit sich bringen.

Weil nicht alle Mitarbeiter den »Sprung« mitvollziehen können oder wollen und weil die Produktivität des Unternehmens mit dem »Sprung« gesteigert wird, werden Mitarbeiter freigesetzt werden. Dies kann nur im Rahmen normaler Fluktuation bzw. auf freiwilliger Basis geschehen. Da aber möglicherweise mehr Mitarbeiter freigesetzt werden könnten, als freiwillig gehen wollen, müssen wahrscheinlich neue Weiterbeschäftigungs- *und* Ausstiegsmodelle entwickelt werden.

Für das Projekt »Netzwerke« gibt es bislang kein Vorbild. Man muß alles selbst machen und kann nur an den Erfahrungen aller Beteiligten ansetzen. Dabei wird es Überraschungen geben und viele Innovationen, aber eines mit Sicherheit nicht: endgültige oder optimale Lösungen. Wenn eine Einheit glaubt,

sie habe die optimale Organisation gefunden, wenn sie »angekommen« zu sein scheint – dann hat sie das Problem in allen Aspekten verstanden und das Projekt ist mit Sicherheit zu Ende. Und ein neues kann beginnen.
Insofern ist der Prozeß »von der Hierarchie zu Netzwerken« der Einstieg in *permanente* Organisationsentwicklung. Wobei ich sicher hin, daß Menschen, wenn sie ihre Beziehungen einmal nicht-dogmatisch und nicht-kämpfend steuern, sehr kreativ sein werden und die Organisationsprozesse sich in Zukunft weit von den heutigen unterscheiden werden.

11.4 Einschränkungen und Konsequenzen

Dieses Konzept hat, das ist evident, denkbar weite Auswirkungen auf die überkommene Struktur industrieller Produktion. Es überwindet die unterschwellig gegensätzlich definierten Rollen von Vorgesetzten und Mitarbeitern und trifft damit einen Nerv der industrielle Organisation. Das hat Konsequenzen: Wenn dieser Gegensatz aufgegeben wird, wird der Gegensatz zwischen Arbeitgebern und Arbeitnehmern und seine Institutionalisierung in Unternehmervertreter und Gewerkschaften mitbetroffen. Die Neuordnung der zwischenmenschlichen Beziehungen zieht die Neuordnung der institutionellen und rechtlichen Beziehungen nach sich.

Um institutionelle und rechtliche Beziehungen neu zu ordnen, braucht man Erfahrungen. Da man außerdem nicht alles auf einmal ändern kann und Stabilität in institutionellen und rechtlichen Bereichen sinnvoll erscheint, muß ausgehandelt und festgelegt werden, welche personal- und entlohnungsrechtlichen Vertretungsverfahren und Entscheidungen für wie lange »eingefroren« werden. (Es muß beispielsweise entschieden werden, wonach Gehälter bemessen und ob neue Formen der Gehaltsfindung ausprobiert werden sollen (Modelle gibt es), oder ob die tarifvertraglichen Regelungen u. a. m. mitgemacht werden.)

Die eingefrorenen Probleme werden »auftauen«, wenn der Übergang gelingt, wenn sich neue Organisationsprozesse einspielen, die Beziehungen der Mitarbeiter (ehemalige Führungskräfte eingeschlossen) andere geworden sind und ein Unternehmen sich anders darstellt. Und dann wird man neue Lösungen finden.

12. Nichts ist so praktisch wie eine gute Theorie ...

Variationen zu Lern- und Veränderungsprozessen

Nichts ist so praktisch wie eine gute Theorie ... heißt es – aber gibt es eine gute Organisationstheorie? Löst der vorgelegte Entwurf die im vierten Kapitel aufgestellten Forderungen ein – und bei Ihnen Erkenntnisprozesse aus? Und können Sie sich vorstellen, daß Sie dieses Ideen- und Verhaltensmuster, angereichert mit Ihren Erfahrungen, einmal verinnerlichen und zu einer reflektierten Alltagstheorie entwickeln? – Höchste Zeit also für einen kurzen Blick auf das neue Verhältnis von Wissenschaft und Alltag und die möglichen Funktionen von Beratung.

12.1 Die Struktur der Lern- und Veränderungsprozesse – mit ersten Erfahrungen betrachtet

Im Zentrum der vorgelegten Überlegungen steht ein neues Verhältnis von Wissenschaft und Alltagswissen, das durch eine Aufwertung des Alltagswissens und eine Integration der Wissenschaften in den Alltag charakterisiert ist. Wenn Menschen ihre eigenen Lebensprozesse, ihr Denken und Handeln auf allen Komplexitätsebenen bewußt machen und dieses Wissen für die Steuerung ihrer Lebensprozesse nutzen, ist das leitende Erkenntnisinteresse der Humanwissenschaften in den

Alltag integriert – und die Wissenschaften müssen ihre Felder neu definieren.

Mit dem neuen Verhältnis von Wissenschaft und Alltag korrespondiert ein neues Verhältnis von Theorie und Erfahrung. Die Struktur, in der eine neue Theorie gebildet und angewendet bzw. – in unserem Fall – neue Organisation(sprozesse) hervorgebracht werden, ist spiralförmig:

- Menschen *beschreiben* ihr Tun und Lassen, ihre Erfolge und Mißerfolge, ihre Annahmen/Prämissen und deren Konsequenzen,
- *reflektieren* ihre Beschreibung und entdecken dabei blinde Flecken und neue Erkenntnisse,
- gewinnen so eine breitere Wissensbasis für *neues Tun und Lassen,*
- das wiederum beschrieben wird, so daß die Beschreibung wiederum reflektiert werden kann, und so weiter. Der Verlauf ähnelt dem Schleifenmodell und bedeutet gelebte und *bewußt* gemachte Selbstbezüglichkeit.

Diese Form der Theorieproduktion macht die laufenden Prozesse transparent und bewußt und revidiert Mephistos bekannten Kommentar: ›Grau, lieber Freund, ist alle Theorie …‹ Diese Theorie ist nicht grau und sie ist kein Gegensatz zum grünen Baum des Lebens. Sie ist Teil des Lebens, vielleicht Begreifen des Lebens – und insofern aufregend und spannend. ›Aufregend‹ und ›spannend‹ werden so zu Qualitäten von Theorien, als deren Prämisse ein abgewandelter Satz Heinz von Foersters stehen kann: *Die Menschen, deren Tun und Lassen von einer Theorie beschrieben wird, schreiben – und leben – diese Theorie selbst.*

Das ist etwas anderes, als Theorie bisher war und wirft die Frage der Konkurrenz auf: Ist dieser Theorienentwurf Teil des Konkurrenzkontextes, in dem bis jetzt alle Theorien und Methoden entwickelt und positioniert wurden?

Diese Theorie bzw. diese Selbstbeschreibung konkurriert *nicht* mit anderen Organisationstheorien und -methoden, weil sie auf einer höheren logischen Ebene liegt. Sie hat den gleichen Allgemeinheitsgrad wie ›naive Theorien‹, die jedes Individuum ›im Kopf‹ hat. Daraus könnte ein Konkurrenzverhältnis zu ›naiven Theorien‹ abgeleitet werden. Aber auch dies ist letztlich kein Konkurrenzverhältnis. Konkurrenz hat etwas mit entweder / oder zu tun: Entweder dieses Produkt oder jenes, entweder dieses Organisationsmodell oder ein anderes. Man kann aber nicht sagen: Entweder die naive Alltagstheorie oder die reflektierte, weil in einer reflektierten Selbstbeschreibung nur *bewußt(er) gemacht wird, was sowieso passiert.* Man müßte also eher von einem (manchmal sprunghaften) Übergang als von einer Entweder-Oder-Situation sprechen, und gegen dieses sich evolutionär entwickelnde, empirisch verläßlichere Wissen ist, wie die Geschichte zeigt, kein Kraut gewachsen.

Theorie besteht, wie sich aus dieser Beschreibung unschwer entnehmen läßt, aus verarbeiteten, komprimierten Geschichten des Lebens. Theorien sind in diesem – und nur in diesem – Sinne Abstraktionen. Sie sind *ein Teil* in der Ko-Evolution von Denken und Handeln, ein notwendiger und unvermeidlich steuernder ›Teil‹ in der Entwicklung der Menschenwelt. Für diese und nur für *diese* Theorie gilt dann wirklich:

Nichts ist so praktisch wie eine gute Theorie.

12.2 Zu einem passenden Klient-Berater-Verhältnis

Brauchen Menschen, wenn sie sich mit Hilfe dieser pragmatischen Theorieproduktion organisieren, eigentlich noch Beratung – oder können sie ihre Lern- und Veränderungsprozesse allein organisieren? Haben Beratung und Berater überhaupt noch einen Sinn, wenn doch die Mitarbeiter die eigentlichen Experten sind? – Wenn die Theorie stimmt, müssen Menschen sich selbst organisieren und bewußt verändern können. Daran kann ebenso wenig ein Zweifel sein wie am potentiellen Nutzen von Beratern. Aber die Beraterrolle muß abgerüstet und neu definiert werden.[38]

Bislang galten (vor allem externe) Trainer und Berater als Experten mit Konzeptkompetenz; sie konnten sagen, was richtig ist und hatten, wie im Kapitel 4 ausgeführt, eine mehr oder minder verschleierte Machtposition. Zusätzlich dazu haben fast alle großen Unternehmen interne Trainer und Berater ausgebildet und Schulungs- und Beratungsabteilungen aufgebaut. Deren Rollen und Funktionen waren bislang ambivalent definiert: Sie waren dienstbar, wenn sie gerufen wurden, durften aber nicht zu selbständig werden und standen meist im Schatten der externen Berater.

Diese Rollendefinitionen gab externen wie internen Trainern und Beratern Schutz und Sicherheit, die durch eine relativ enge Methodenorientierung unterstützt wurde. Sie kann aber unter gewandelten Verhältnissen nicht aufrechterhalten werden. Aber abzurüsten und die Sicherheiten der Rolle gegen vielfache Offenheiten einzutauschen, wird, bisherigen Erfahrungen zufolge, vielen Trainern und Beratern schwer fallen. – Welche Rolle könnten sie stattdessen spielen?

Der Paradigmenwechsel von der Hierarchie zu selbststeuernden Systemen bedeutet für alle Beteiligten und Betroffenen den Eintritt in höchst persönliche Entdeckungs- und Entwicklungsprozesse – und den ersten Schritt müssen Trainer

---

38 Ein Prozeß, dem übrigens das Methodenhandbuch zum Opfer gefallen ist, das ich in dem Aufsatz »Von ·der Linie· zu Netzwerken« angekündigt habe. In: Zeitschrift für Organisationsentwicklung, 12. Jahrg. (1993), H. 1, S. 40-51

und Berater selbst gehen. Sie müssen (ähnlich wie wir in unserem Netzwerk) jeder für sich den ›Sprung‹ für verifizieren und sich als Individuen (und ggf. als Gruppe) ein Konzept und eine neue Identität erarbeiten. Dabei werden nicht alle mitmachen können oder wollen.

Auf die, die sich eine neue Funktion und Identität erarbeiten, wartet neue Arbeit. Ich vermute, daß der Beratungsbedarf in den ersten Übergangsphasen steigen, dann aber schnell fallen wird. Mit der weiteren Entwicklung von Netzwerken selbststeuernder Systeme werden Angebot und Nachfrage zurückgehen und Berater ganz neue Funktionen bekommen: Sie werden, schlagwortartig gesagt, von Methoden- zu Musterspezialisten und die Schulungs- und Bildungsabteilungen werden sich von Service-Einrichtungen mit möglichst vielen Angeboten zu einer Art institutionalisierter Erkenntnis- und Intelligenzfunktion des Systems weiterentwickeln.

Weil die anstehenden Lern- und Veränderungsprozesse gleichsam die Urbarmachung geistigen Neulands darstellen, scheint es prinzipiell sinnvoll, wenn sich einige der Beteiligten besonders auf Erkenntnis- und Entdeckungsprozesse konzentrieren. Das könnten (externe und interne) Berater tun. Sie können, aus einer distanzierteren Position heraus,

- die laufenden Prozesse und ihre immanenten Muster distanziert(er) beobachten, spiegeln und ggf. dokumentieren, sie können sich bevorzugt
- um die Entdeckung und Beschreibung von Mustern (kognitive, emotionale und Verhaltensmuster bzw. Kombinationen) kümmern und außerdem
- Geschichten erzählen, d. h. Vergleichsprozesse anbieten.

Dabei ist die Selbstdefinition von Beratern bzw. die Einstellung entscheidend, mit der sie (wir) in Beratungsprozesse gehen. Berater sind selbst Lernende (und in diesem Sinne Teil des sich verändernden Systems). Auch die fortgeschrittensten

Berater wissen nicht viel über die *inneren* Prozesse von Paradigmenwechseln und auch wir entdecken Schritt für Schritt ihre Gesetzmäßigkeiten und Grenzen. Insofern organisieren wir in uns/für uns die gleichen Prozesse, wie sie in anderen Systemen ablaufen (werden). – Das ist kein Zufall, sondern ein systematischer Aspekt der hier diskutierten Lern- und Veränderungsprozesse, der sich nutzen läßt. Wir sind darauf gestoßen, als wir uns fragten: Wie organisieren wir uns eigentlich? Wie reden und beraten wir uns untereinander? Und haben geantwortet: Wir erzählen uns Geschichten.

Unsere Lernprozesse kreisen meist um professionelle Situationen: Einer erzählt eine Situation – eine Anfrage, eine Problemstellung, einen Konflikt oder eine Unklarheit in einem Beratungsprozeß oder was auch immer –, die anderen hören erst zu, stellen dann Fragen und fangen an, sich in die Situation hineinzudenken. Sie bringen ihr Bild bzw. ihre Geschichte der Situation hervor, mit der sie den Erzähler konfrontieren. Nun ist evident, daß mehrere Zuhörer mehrere unterschiedliche Bilder bzw. Geschichten konstruieren und daß der Erzähler mit mehreren *unterschiedlichen* Außensichten

- seiner Sicht und
- seines Verhaltens in der geschilderten Situation konfrontiert wird.

Der springende Punkt (und eine immer wiederkehrende Erfahrung) ist, daß die Hervorbringung unterschiedlicher Parallelgeschichten beim Erzähler bzw. bei allen anderen Anwesenden

- *neue*, vorher nicht gesehene Perspektiven und Zusammenhänge erkennbar macht,
- daß sich so das Bild der Situation insgesamt verändert und
- daß der, der die Geschichte ursprünglich erzählte, neue Handlungsmöglichkeiten entwickelt.

Das Bild, das der Erzähler gezeichnet hat, wird mehrdimensional und bekommt Tiefenschärfe. Man entdeckt neue Aspekte, Gesetzmäßigkeiten und Zusammenhänge – und dabei quasi-automatisch die ›blinden Flecke‹ des Erzählers.

In letzter Zeit haben wir uns mehr und mehr auf die offenen Fragen von Veränderungsprozessen 2. Ordnung konzentriert, unsere Nasen immer mehr in unbekanntes Gelände gesteckt und erkundet – und im nachhinein gemerkt, daß wir jedesmal, wenn wir uns trafen, irgend etwas Neues entdeckten. Da wurde uns klar, daß wir sprunghaft lernen, daß es Spaß macht und aufregend und doch auch leicht ist. Das wiederum hat uns überrascht, so daß wir uns gefragt haben, wieso uns die Auseinandersetzung mit Übergängen plötzlich so leicht fiel.

Uns scheint, daß die überraschende Leichtigkeit von Veränderungen 2. Ordnung wesentlich von zwei Faktoren abhängt: Erstens haben wir uns auf die offene Situation einlassen können, weil wir uns an der Theorie orientieren konnten, die kognitive Sicherheit gab.

Zweitens haben wir im Netzwerk konsequent unsere inneren Prozesse – Assoziationen, Ideen, Gefühle und die Beziehungen zu den anderen – offen und transparent gemacht und uns damit auseinandergesetzt.

Welch wichtige Funktion das Transparent-machen der inneren Prozesse hat, ist im Vergleich deutlich geworden: In meiner ersten ›Theoriegruppe‹ haben wir die inneren Prozesse in uns weit weniger offengelegt. Wir haben zwar kognitiv ganz gut gearbeitet, sind aber lange nicht so weit gekommen und waren – als Gruppe – weder so kreativ noch so belastbar.
– In dieser eindrücklichen Erfahrung hat sich einmal mehr bestätigt, was Profis ›eigentlich‹ wissen: Daß Beziehungen und Gefühle die maßgeblichen Stellglieder in und zwischen Menschen sind und daß Menschen durch den Grad der Offenheit im Umgang mit ihren inneren Prozessen über ihre Leistungen und Entwicklungen entscheiden.

Deshalb nehme ich meine/unsere Erfahrungen pars pro toto. Es gilt, das subtile Machtverhältnis der bisherigen Berater-Klient-Beziehung transparent zu machen und zu überwinden. Das ist, soweit ich sehe, dann möglich (und vielleicht sogar ›leicht‹), wenn im Klientensystem (und dort vor allem in der Top-Gruppe) ähnliche Prozesse organisiert werden können, wie wir sie untereinander organisieren. Dann gibt es kein neues hierarchisches Experten-Laien-Verhältnis und dann werden keine neuen Konkurrenz- und Machtspiele produziert. Stattdessen werden sich Fließgleichgewichte zwischen dem Wissen von Beratern und Klienten herstellen, in denen Neues nicht verdrängt werden muß, sondern leben kann.

Wenn Berater dies gelernt haben, sollten sie auch in turbulenten Veränderungsprozessen

- Orientierung und
- emotionale Sicherheiten bieten bzw. Mitarbeiter in ihren Veränderungsprozessen stützen können.

Letzteres dürfte vor allem in den turbulenten Anfangsphasen wichtig sein, wenn sich die Ambivalenzen der Situation im Top-Management verdeutlichen und verschärfen.

Auf dieser Basis kann sich eine Ko-Evolution zwischen Beratern und Klienten entwickeln, in der beide lernen und sich weiterentwickeln. Dabei werden beide Partner neue Geschichten sammeln, die sie wieder anderen erzählen können – und werden so an einer Art unendlicher Organisationsentwicklungs-Geschichte ›stricken‹ (nein, wirklich kein Ende …)[39]

In diesen Prozessen, last but not least, werden wir mit einem besonderen Umstand des menschlichen Geistes konfrontiert sein und zunehmend lernen, diese besondere Charak-

---

[39] Diese Idee ist in Michael Endes »Unendlicher Geschichte« poetisch verschlüsselt, am dichtesten vielleicht im Kapitel über das »Änderhaus«, das sich und seine Bewohner ändert.

teristik für unsere Arbeit bzw. unsere Identität zu nutzen: Die Prozesse des menschlichen Geistes sind selbstähnlich.

12.3 In diesen Prozessen aktualisiert: Selbstähnlichkeit

In dieser Auffassung von Entwicklung und Beratung wird ein theoretisch zwar bekanntes, praktisch aber ungenutztes Prinzip aktualisiert: Selbstähnlichkeit. Das bedeutet hier konkret, daß sich meine bzw. Ihre Lernprozesse nicht prinzipiell von denen anderer Menschen unterscheiden und läßt sich auf alle geistigen Prozesse ausweiten: Die geistigen Prozesse *im* Individuum sind den Prozessen *zwischen* Menschen ähnlich, und zwar über alle Kontextebenen hinweg: Zwischen zwei Individuen, in Gruppen, in komplexen Systemen (wie Unternehmen), in Gesellschaften und auf der Ebene der Gattung.

Das hat die ungeheure – und im ersten Moment vielleicht atemberaubende – Konsequenz, *daß man die geistigen Prozesse in und zwischen anderen aus der sorgfältigen Beobachtung der eigenen heraus verstehen kann.*

Aus dieser Erkenntnis lassen sich zwei praktische Konsequenzen ableiten. Erstens können sich die Prozesse zwischen Beratern nicht von denen zwischen Beratern und Klienten bzw. Klienten untereinander unterscheiden bzw. wenn sie es tun, werden Macht- und Konkurrenzspiele gespielt. Insofern stellt praktizierte und gelebte Selbstähnlichkeit eine Art Brücke dar: Wir müssen nicht gegeneinander konkurrieren (was immer ein Gewinner-Verlierer-Spiel ist), sondern können in Selbstähnlichkeitsmustern kooperieren (was zum Gewinner-Gewinner-Spiel werden kann).

Daraus läßt sich, zweitens, ein effektiver Weitergabemodus (als Teil von Lernprozessen 2. Ordnung) ableiten: Man muß die eigene Auseinandersetzungsgeschichte miterzählten. Am Anfang steht wohl immer ein Individuum, das seine Geschichte verkörpert: »Ich habe mich auseinandergesetzt, habe ausprobiert, habe Erfahrungen gemacht ... und kann sagen: Ich identifiziere mich mit der Idee und dem Prozeß.«

Dann wird es wohl so weitergehen, daß andere sich mit den Ideen auseinandersetzen – und sich ebenfalls überzeugen. Und so weiter – bis die Zahl derer, die sich selbst überzeugt haben, groß genug ist und die Prozesse gleichsam in einen anderen Modus springen.

Diese Prozesse verlaufen alle nach einem Selbstähnlichkeitsmuster: Weil ein Individuum seine Erfahrungen ernst genommen und sich überzeugt hat, wird der Druck auf die anderen zwar größer (jemand, der seine Erfahrungen verarbeitet hat, ist nicht so leicht zu widerlegen), aber sie können den gleichen Prozeß auch leichter durchlaufen, weil sie mindestens einen Partner haben, der sie versteht. – Dieser Prozeß vervielfältigt sich selbst, und wenn eine ›kritische Masse‹ erreicht ist, beginnen sich selbst beschleunigende Lern- und Veränderungsprozesse, in denen die hierarchische Organisation wie ein Kartenhaus zusammenfällt und eine neue entsteht.

13. Lernende Organisation und offene Perspektiven

Aus diesen Überlegungen läßt sich ein neues Bild einer lernenden Organisation ableiten. Dieser Vorstellung von Organisation ist Lernen

- dank der Vernetzung der Gruppen,
- dank der in die Arbeitsprozesse eingebauten Schleifen und
- dank der vielfältigen Reflexion,

auf allen Ebenen immanent, so daß man auch sagen kann: In dieser Form, sich und Arbeitsprozesse zu organisieren, können Menschen nicht nicht lernen.

Ich möchte aber noch drei Aspekte kurz streifen, die mir in diesem Zusammenhang wichtig erscheinen, und zwar

- die Frage unterschiedlicher Lern- und Veränderungsmotivationen und -fähigkeiten,
- die Frage des Tempos von Veränderungsprozessen und
- die Frage der Qualifizierung.

13.1 Progressive, Konservative und Kontexte

Menschen sind bekanntlich nicht gleich – und sie verändern sich auch nicht gleich; sie sind weder gleich motiviert noch verändern sie sich im gleichen Tempo und Rhythmus. Es gibt immer eine relativ kleine Gruppe von eher aktiven Mitarbeitern, die hoch motiviert sind und sich bzw. ihr Verhalten und Denken auch relativ schneller verändern können, und eine relativ große Gruppe von eher inaktiven Mitarbeitern, die weder motiviert sind noch sich gerne verändern. Zwischen diesen beiden Gruppen gibt es eine dritte, die man als Sympathisanten der ersten auffassen kann: Sie sind nicht eigentlich motiviert aber soweit offen, daß sie Veränderungen mittragen.

Veränderungsprozesse lassen sich als dynamisches Spiel zwischen diesen drei Gruppen betrachten. Aber wie sie verlaufen, ist keine quantitative Frage, sondern eine Frage des Kontextes, eine Frage des umfassenderen Systems.

Hierarchien gelten (oder galten?) tendenziell als unveränderlich bzw. werden so gedacht – und diese unausgesprochene Voreinstellung begünstigt a priori die eher inaktiven, politisch gesprochen: konservativen Mitarbeiter, die sich nicht verändern wollen. Die Voreinstellung verschafft den Konservativen einen Vorteil, der ihnen gleichsam in den Schoß fällt und für den sie nichts tun müssen. Die Last des Tuns liegt immer bei denen, die verändern wollen, weil sie gegen den Unveränderlichkeitsnimbus angehen müssen. Sie müssen jedes Veränderungsprojekt legitimieren und werden doch angegriffen: Im hierarchischen Kontext werden Veränderungen nach wie vor ausgekämpft, und es kommt immer darauf an, möglichst die stärkeren Bataillone zu haben. Daß dies besonderen Kraftaufwand nötig macht, liegt auf der Hand.

Im Kontext selbststeuernder Systeme wird die Voreinstellung umgekehrt. Das System ist als veränderlich definiert und begünstigt deshalb a priori diejenigen, die sich für Veränderungen engagieren. Das heißt aber nicht, daß die veränderungsmotivierten Mitarbeiter von allen Begründungen befreit wären und die konservativeren unter Legitimationsdruck kämen. Das wäre das gleiche Machtspiel mit umgekehrten Vorzeichen. Im Kontext von Netzwerken kommt es nicht darauf an, möglichst »viel« zu verändern, sondern Prozesse zu organisieren, die an sich verändernden Aufgaben, sich verändernden Kooperationsbeziehungen und sich verändernden Beziehungen und Fähigkeiten der Mitarbeiter orientiert sind. In diesen Prozessen haben Veränderung und Beharrung funktionale Bedeutungen und sind beide wichtig. Man darf die Unterschiede in Lern- und Veränderungsmotivationen und -fähigkeiten nicht zu wechselseitigen Stigmatisierungen machen: Sie müssen als nützliche und notwendige Funktionen akzeptiert werden.

Dabei kann man berücksichtigen, daß es offenbar einen fundamentalen und nicht überbrückbaren Unterschied in den Kontexten gibt: Es scheint, daß »Veränderung« für alle Systeme, die als potentiell »ewig« gedacht werden, ungleich bedrohlicher ist als aller Konservatismus in einem System, das auf Veränderung angelegt ist. Der Unterschied liegt vor allem in impliziten Sicherheitsvorstellungen.

Man sieht, daß organisatorische Veränderungsprozesse nur begrenzt von individuellen Motivationen, Interessen und Fähigkeiten abhängen. Veränderung ist geistigen Prozessen auf allenen Ebenen immanent und es kommt immer nur darauf an, ob der Anteil bewußter Organisation die immanenten Veränderungsfaktoren und -tendenzen behindert oder verstärkt.[40]

---

40 Diese Überlegungen sind stark beeinflußt von Heinrich Popitz, Prozesse der Machtbildung, Tübingen 1969. Der kleine Essay ist im Hinblick auf Macht- und Veränderungsprozesse ungemein lehrreich und spannend, aber kaum ausgewertet. Ein Dornröschen-Büchlein.

13.2 Das Tempo

Ausgehend von diesen Überlegungen stellt sich die Frage nach dem Tempo von Veränderungsprozessen neu. Gerade heute gehen Veränderungsprozesse vielen Managern bzw. Mitarbeitern (aus unterschiedlichen Gründen) nicht schnell genug und viele sind nur zu geneigt, die »Schuld« dafür anderen zuzuschieben (was natürlich Züge in Machtspielen sind).

Veränderungsprozesse lassen sich innerhalb des Kontextes der Hierarchie nur bis zu einem gewissen Grade vorantreiben. Dann stoßen sie an die Grenze wachsender Widersprüche, die quasi-automatische Widerstände auslösen. Diese Grenze kann nur durch einen Kontextwechsel überwunden werden.

Wenn Sie also etwas »schneller« ändern oder das Tempo von Veränderungsprozessen beschleunigen wollen, müssen Sie den »Sprung« in Netzwerke organisieren. Dann kommen Veränderungsprozesse »auf Touren«, weil das ganze System auf Veränderung umgestellt und der in einer Hierarchie immer legitime Widerstand der eher konservativen Mitarbeiter abgeschwächt wird. (Das ist vor allem eine Überlegung für Unternehmen, die unter steigendem Konkurrenz- und Kostendruck stehen und *lean* werden wollen oder müssen.)

13.3 Qualifizierungsprozesse

Bislang wird Qualifizierung als individuelles Tun gedacht: Ein Mitarbeiter qualifiziert sich. Darauf bauen alle Personalentwicklungsprogramme auf und das scheint die Lösung. Es ist aber eher ein Verfahren mit hohen Verlusten.[41]

---

41 Siehe dazu meinen Aufsatz »Mit einem ›Sprung‹ in die 90er Jahre? Bemerkungen zu einer Fortbildung der 2. Generation.«, in: Zeitschrift für Organisationsentwicklung, 8. Jahrg. (1990), H. 1, S. 64-75

Einzelne zu qualifizieren mutet dem Individuum die Last des Transfers zu: Der einzelne muß das »anwenden«, wofür er qualifiziert wurde. Das macht sicherlich in vielen Fällen Sinn, ist aber in vielen, vielleicht sogar den meisten Fällen dysfunktional, weil es Ungleichheiten – und damit Kooperationsprobleme schafft. Individualisiertes Wissen – die einen wissen, die anderen nicht – wird ja immer auch zur Abgrenzung und Profilierung benutzt und schafft somit die Beziehungskonflikte, die mittels sachlichem Wissen überwunden werden sollen.

In diesem Konzept werden nicht der einzelne, die »langsame und einfache Recheneinheit«, sondern selbststeuernde Systeme als Lerneinheit betrachtet, weil hier der Organisationsvorteil zum Tragen kommt. Menschen passen sich sowieso aneinander an und lernen miteinander (auch wenn individualisiert wird), aber Menschen lernen leichter, wenn sie ausdrücklich zusammen lernen bzw. wenn lernen in einer Gruppe gefördert und belohnt wird. (Den Kooperationsvorteil der Gruppe nutzen beispielsweise Studenten aus, die sich in selbstorganisierten Lerngruppen auf Examina vorbereiten.)

Es liegt auf der Hand, daß, von dieser Prämisse ausgehend, völlig neue Personalentwicklungs-Konzepte entwickelt werden müssen.

13.4 Offene Perspektiven

Überlegungen wie die vorgelegten müssen – fast ist man geneigt zu sagen: natürlich – mit einer Prognose enden. Sie »enthalten« soviel implizite Zukunft, daß sie auf komplexere Kontexte verweisen. Wie also, so können wir fragen, sieht die Welt vermutlich aus, in der das vorgestellte Organisationskonzept sinnvoll ist?

Daß sich die Grundlagen des Wandels wandeln, war die Diagnose, und was das bedeutet, kann man sich grob vor Augen führen, wenn man sich die Entwicklungen der letzten 50 Jahre vergegenwärtigt. Seit dem Ende des 2. Weltkrieges haben wir, die Menschen, unsere Welt mehr und schneller verändert als je zuvor. Atomwaffen und Computer, Düsenflugzeuge, das Fernsehen und die Unterhaltungselektronik, die Mechanisierung und Verwissenschaftlichung der Landwirtschaft, Molekularbiologie und Gentechnik, Künstliche Intelligenz und Raumfahrt, Massenmedien und Massentourismus, Entkolonialisierung und explodierende Bevölkerungsentwicklung, schnell wachsender Reichtum auf der einen und eskalierende Armut auf der anderen Seite haben das individuelle und gesellschaftliche Leben überall auf der Welt zutiefst verändert.

Einzelne Schritte dieser Entwicklungen sind geplant worden, aber nicht die Gesamtwirkungen. Es gab und gibt keine Instanz auf der Welt, die die globale oder auch nur die gesellschaftlichen Entwicklungen (etwa in Deutschland) überblicken oder gar steuern könnte. Es gibt keine lenkende Zentrale und auch keine steuernden Homunkuli im System, das sich weitgehend selbst organisiert. **Es gibt keine Bremse im System** und die Entwicklungen beschleunigen sich – auch nach dem Zerfall des ehemaligen Ostblocks – auf allen Ebenen. Woraus die risikolose Prognose folgt, daß die Entwicklungen der kommenden zehn oder zwanzig Jahre die der letzten 50 Jahre in den Schatten stellen bzw. zu einem Vorspiel machen werden.

Die laufenden und die kommenden Entwicklungen betreffen alle gesellschaftlichen Institutionen. Es gibt keine zeit- und veränderungslosen Nischen in hochdynamischen Gesellschaften wie der unseren, und alle inhaltlichen Veränderungen implizieren zwangsläufig komplexere Organisationsprozesse.

Die nicht abbremsbare und sich weiter beschleunigende Entwicklung der modernen Gesellschaften reißt alle Unternehmen mit und wird die Anforderungen an die Organisation von Arbeitsprozessen so oder so steigern. Die menschliche Entwicklung verläuft nie rückwärts und die Welt wurde nie langsamer, sondern schnellebiger und nie einfacher, sondern immer komplexer. Und es ist kein Geist erkennbar, der diese offensichtlichen Gesetzmäßigkeiten verändern würde.

Aus unserem Programm

Robert R. Blake, Jane Srygley Mouton, Anne Adams McCanse
Unternehmensentwicklung mit GRID
Der Weg zur effektiven Organisation
1993. 174 Seiten, gebunden, DM 38,–

»Dieses Buch ist für Organisationsentwickler eine hervorragende Fundgrube zur Gestaltung der eigenen Arbeit. Spannend sind insbesondere die Fallstudien.«

Dr. Wolfgang Jeserich, Institut für Qualitative Personalarbeit

»GRID wird schon seit Jahren bei uns eingesetzt. Die zahlreichen praktischen Beispiele dieses Buches zeigen, wie sich der geplante Wandel schrittweise umsetzen läßt.«

Dr. habil. Utho Creusen,
Geschäftsführer OBI Heimwerker- und Freizeitbedarf

David T. Kearns, David A. Nadler
Xerox aus der Asche
Niedergang und Wiederaufstieg einer Weltfirma
1993. 288 Seiten, gebunden, DM 68,–

»... ist eine Geschichte von Propheten mit Ehre – der Personen, die die Qualitäts-Revolution anzettelten, die Xerox umwandelte und wieder in die Weltklasse zurückführte. Aus den unter Schmerzen gewonnenen Erfahrungen haben die Autoren Lehren gezogen, die freimütig dargestellt und sehr wertvoll sind.«

John F. Akers, IBM

Campus Verlag · Frankfurt / New York

Aus unserem Programm

Charles Handy
Im Bauch der Organisation

20 Einsichten zum Verhalten für Manager und alle anderen,
die etwas bewegen wollen
1993. 223 Seiten, 20 Karikaturen, gebunden, DM 48,–

Wie funktioniert eine gute Organisation? Charles Handy erzählt mit englischem Humor, wodurch Abläufe und Zusammenarbeit gestört werden können und gibt Antworten auf zentrale Fragen.

»Charles Handy ist der Guru der Management-Gurus.«
Maxim Worcester, FAZ-Informationsdienste

Peter Gomez, Tim Zimmermann
Unternehmensorganisation

Profile, Dynamik, Methodik
St. Galler Management-Konzept, Band 3
2. revidierte und erweiterte Auflage 1993. 272 Seiten, DM 48,–

»Dieses neue Lehrbuch zur Unternehmensorganisation verarbeitet eine Vielzahl aktueller Ansätze und Erkenntnisse in einem klaren konzeptionellen Rahmen und verbindet diese mit einer ganzheitlichen Organisationsmethode.«

Prof. Dr. Dres. h. c. Hans Ulrich, St. Gallen

»Ein praktischer Leitfaden zur Beurteilung von Organisations- und Führungskonzepten.«
Heini Lippuner, Ciba Geigy AG

Campus Verlag · Frankfurt / New York